LE CERVEAU

ÉMILE GODAUX

LES ESSENTIELS MILAN

Sommaire

L'architecture du système nerveux

Le fonctionnement des neurones et des synapses

Les grands systèmes

Les médicaments du cerveau et les drogues

Les maladies du cerveau

Approfondir

Les mots suivis d'un astérisque (*) sont expliqués dans le glossaire.

Le cerveau

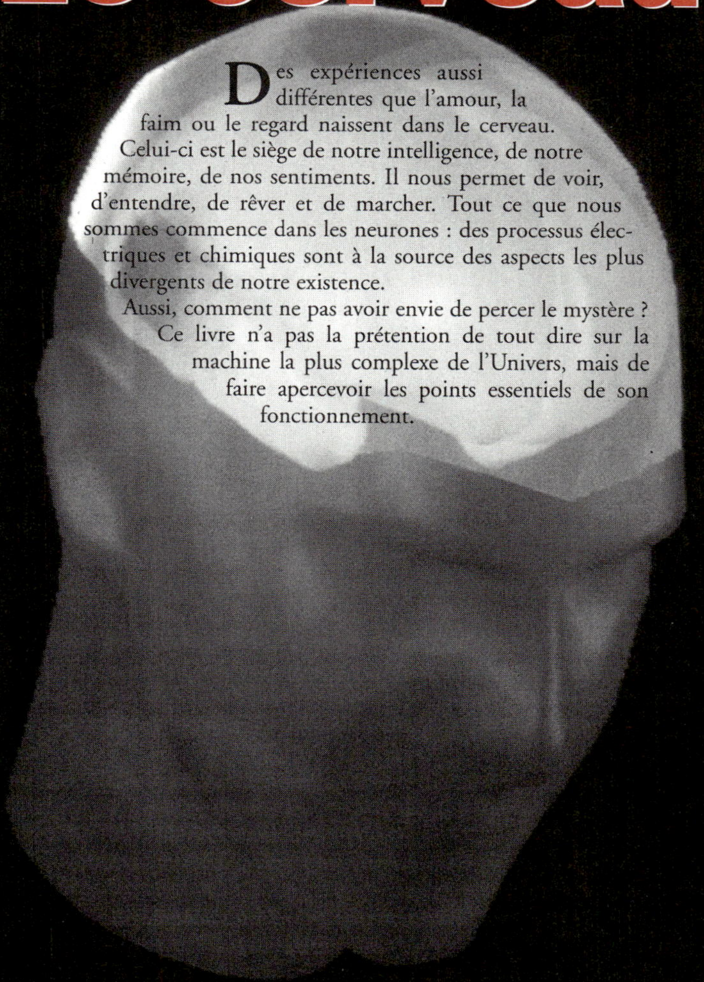

Des expériences aussi différentes que l'amour, la faim ou le regard naissent dans le cerveau. Celui-ci est le siège de notre intelligence, de notre mémoire, de nos sentiments. Il nous permet de voir, d'entendre, de rêver et de marcher. Tout ce que nous sommes commence dans les neurones : des processus électriques et chimiques sont à la source des aspects les plus divergents de notre existence.

Aussi, comment ne pas avoir envie de percer le mystère ? Ce livre n'a pas la prétention de tout dire sur la machine la plus complexe de l'Univers, mais de faire apercevoir les points essentiels de son fonctionnement.

VERTISSEMENT

nvers du décor est passion-t, mais il est aussi très com-xe. Aussi, nous conseillons lecteur de se familiariser oord avec l'architecture du veau en commençant par lire, dans l'ordre, les quatre premiers chapitres. Les chapitres suivants, qui expliquent comment les cellules nerveuses fonctionnent, sont de loin les plus ardus. Il faut les lire en bloc, ou les sauter en bloc pour y revenir ensuite. Enfin, pour bien comprendre le mode d'action des médicaments et des drogues, le lecteur devra s'atteler préalablement à comprendre le fonctionnement des neurones et des synapses.

Les composants du cerveau

Il faut se représenter le cerveau comme un gigantesque réseau de fils électriques, comme un extraordinaire réseau téléphonique ou, mieux encore, comme un ordinateur plus complexe et plus puissant que tous ceux que nous connaissons actuellement.

Le neurone

L'élément fondamental, la « brique » avec laquelle est constitué l'édifice cerveau, est la cellule nerveuse ou neurone*. Le cerveau est formé de 100 milliards de neurones. Comme toutes les cellules de l'organisme, le neurone est délimité par une membrane. Mais il se distingue des autres types de cellules par sa forme très compliquée.

Le neurone

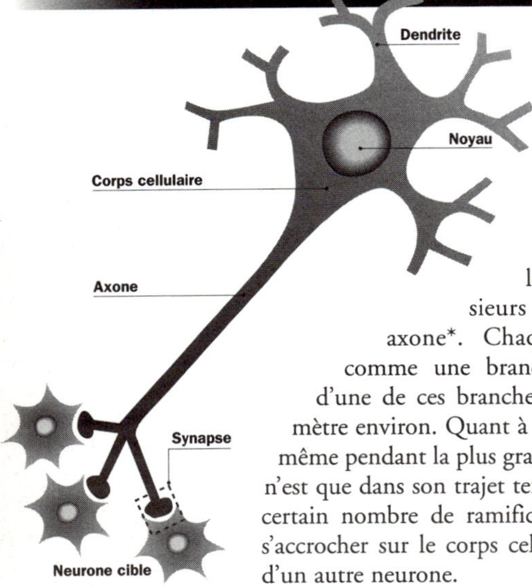

D'un corps cellulaire central, plus ou moins sphérique, partent des expansions, des sortes de bras. Un neurone « standard », situé dans le cerveau, a un corps cellulaire de 10 à 50 millièmes de millimètre de diamètre d'où partent les « bras », c'est-à-dire plusieurs dendrites* et un seul axone*. Chaque dendrite se ramifie comme une branche d'arbre. La longueur d'une de ces branches ramifiées est d'un millimètre environ. Quant à l'axone, son calibre reste le même pendant la plus grande partie de son trajet. Ce n'est que dans son trajet terminal qu'il se divise en un certain nombre de ramifications qui, chacune, vont s'accrocher sur le corps cellulaire ou sur un dendrite d'un autre neurone.

La synapse

La zone de contact entre une ramification de l'axone et un autre neurone s'appelle une synapse*. En moyenne, un neurone établit des synapses avec 10 000 autres neurones. Il existe donc dans notre cerveau 100 milliards de fois 10 000 synapses, c'est-à-dire un million de milliards de synapses !

Les boutons synaptiques

Comment les boutons synaptiques viennent en contact avec le corps cellulaire et les dendrites du neurone

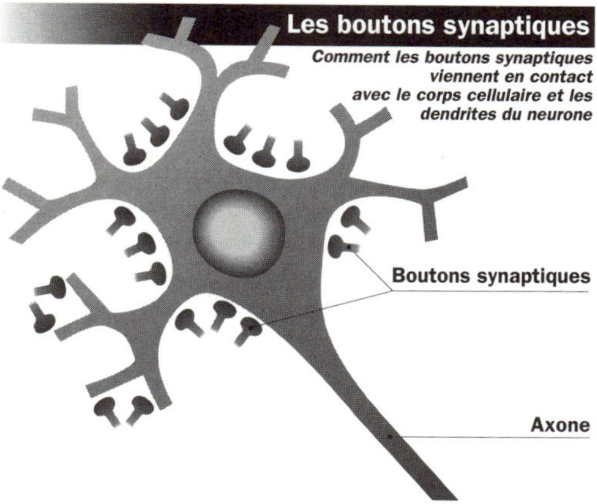

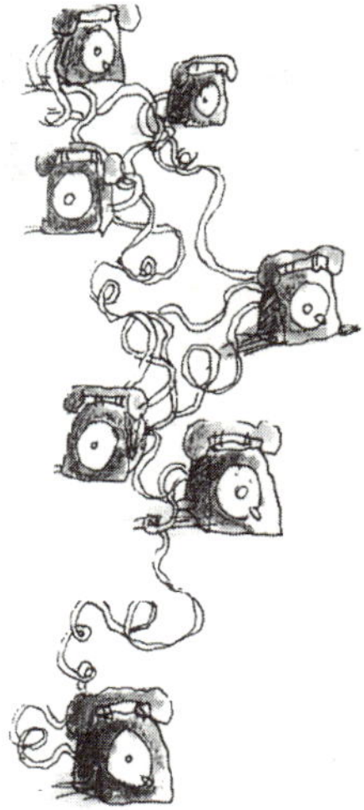

Il faut se représenter le cerveau comme un extraordinaire réseau téléphonique.

Le rôle des différentes parties du neurone

Chaque neurone est en fait une unité de traitement de l'information, une petite centrale téléphonique, un petit microprocesseur. Il envoie des informations à d'autres neurones par son axone qui est donc une sorte de câble téléphonique. Et c'est au niveau des synapses que l'information passe d'un neurone à l'autre. Les synapses sont en quelque sorte des téléphones miniatures d'un millième de mm environ. Les synapses-téléphones sont accrochées au corps cellulaire et aux dendrites qui collectent les informations. En fonction d'elles, le corps cellulaire « décide » d'envoyer ou de ne pas envoyer une information (un influx nerveux*) aux neurones avec lesquels il est connecté.

Le cerveau est formé de 100 milliards de neurones. Chaque neurone est en communication directe avec 10 000 de ses semblables par l'intermédiaire des synapses.

L'architecture du système nerveux central

Un coup d'œil rapide sur le système nerveux central permet de le subdiviser en plusieurs régions. Si l'on observe un cerveau vu en coupe transversale, on voit que certaines zones sont grises alors que d'autres sont blanches.

La myéline

Le cerveau est formé des corps cellulaires des neurones* et de leurs axones*. Un grand nombre de ces axones sont entourés d'une gaine formée de petits manchons d'un millimètre de longueur chacun. Cette gaine discontinue améliore la conduction de l'influx nerveux*. Elle est constituée d'une substance spéciale appelée myéline. La myéline est blanche.

Les grandes subdivisions du système nerveux

Le système nerveux central est contenu dans le crâne et la colonne vertébrale. Il se subdivise en deux parties majeures : l'encéphale*, contenu dans la boîte crânienne, et la moelle épinière, contenue dans la colonne vertébrale. Dans le langage courant, on utilise souvent le mot cerveau en lieu et place de l'encéphale. En réalité, le cerveau n'est qu'une partie de l'encéphale. Il est constitué de deux masses plus ou moins hémisphériques : les hémisphères cérébraux, qui sont séparés d'avant en arrière par un profond sillon. L'encéphale comporte aussi le tronc cérébral et le cervelet. Le tronc cérébral réunit le cerveau à la moelle épinière. Des fibres* descendent les ordres moteurs du cerveau vers la moelle. D'autres remontent des sensations de la moelle vers le cerveau. Toutes ces fibres transitent par le tronc cérébral. Mais celui-ci n'est pas seulement un endroit de passage. Il contient aussi des centres particuliers, comme par exemple le centre respiratoire. C'est en détruisant ce centre que meurent les gens qui se suicident en se tirant une balle dans la bouche.

Le système nerveux central

Les différentes parties

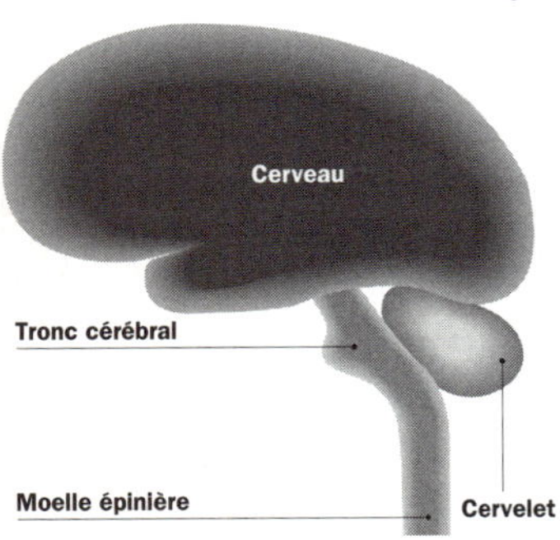

Substances blanche et grise

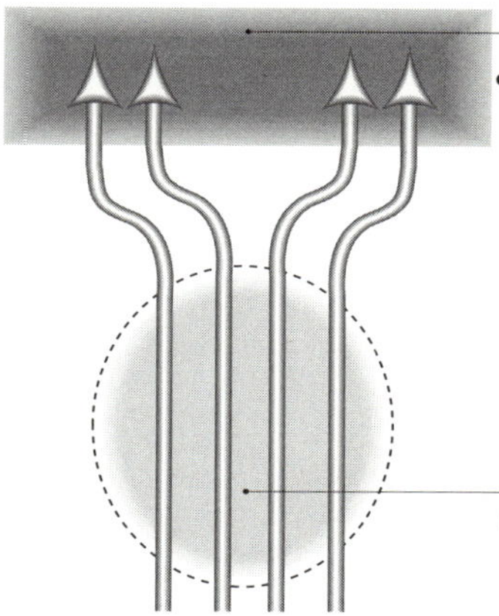

Substance blanche et substance grise

On pourrait croire que les corps cellulaires et les axones sont mélangés sans ordre au sein du cerveau. Il n'en est rien. Les corps cellulaires ont tendance à être regroupés à certains endroits tandis que les axones sont regroupés en d'autres. Les axones forment ainsi des faisceaux de fibres, des bottes de câbles au sein desquels ne se trouve aucun corps cellulaire neuronal. Comme la myéline entourant les axones est blanche, on peut sur une coupe du cerveau distinguer les faisceaux de fibres grâce à leur coloration blanche. Les amas de corps cellulaires neuronaux ont, eux, une couleur grisâtre. Au niveau de chaque hémisphère cérébral, une couche, une écorce de substance grise (d'où son nom de cortex* cérébral) entoure une masse de substance blanche. C'est au fait que la matière grise* du cortex contient les neurones* que l'on doit l'expression « faire travailler sa matière grise ». Par ailleurs, dans la profondeur de l'hémisphère se trouvent aussi des amas de neurones appelés noyaux de substance grise (comme le noyau lenticulaire). Les deux hémisphères sont en communication l'un avec l'autre grâce à un important faisceau de substance blanche* : le corps calleux. C'est grâce aux 200 millions de fibres qui le constituent que l'hémisphère droit sait ce que pense l'hémisphère gauche et vice versa.

Thalamus et hypothalamus

Dans la profondeur de chaque hémisphère, juste au-dessus du tronc cérébral, se situe un noyau de substance grise important : le thalamus*. Sur la ligne médiane, en avant et plus bas que le thalamus, se trouve une collection de petits noyaux de substance grise également très importante : l'hypothalamus*. Le thalamus est un relais sur les grandes voies sensorielles, où passent les informations fournies par nos sens. L'hypothalamus est le centre des principales pulsions (comme la faim, la soif...) du comportement.

La matière grise qu'on conseille souvent de faire « travailler » est constituée par un amas de corps cellulaires neuronaux.

Les subdivisions du cortex cérébral

Le cortex cérébral représente une étendue grisâtre qui a l'air uniforme, ce qui peut donner l'impression qu'il n'existe aucune spécialisation en son sein. Il n'en est rien.

Lobes et circonvolutions

Le cortex* cérébral a une épaisseur d'environ 3 mm. Il est très plissé, parcouru par de nombreux sillons. C'est à ce prix qu'il entre dans la boîte crânienne. Déplissé, il s'étend sur 20 dm². Géographiquement, il comprend quatre lobes principaux : le lobe frontal, le lobe occipital, le lobe temporal et le lobe pariétal. Chaque lobe est, à son tour, subdivisé en zones appelées circonvolutions. Ainsi, par exemple, le lobe pariétal comprend trois circonvolutions : la circonvolution pariétale ascendante, la circonvolution pariétale supérieure et la circonvolution pariétale inférieure.

Face interne de l'hémisphère cérébral gauche

Plan illustré après section entre les deux hémisphères

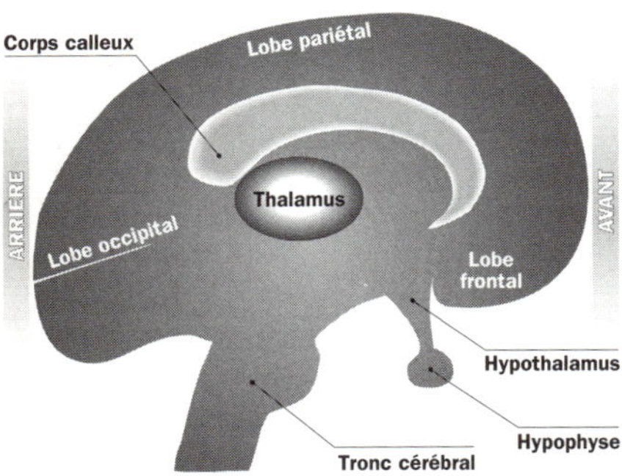

Aires primaires

Le cerveau reçoit des messages du monde extérieur par l'entremise des organes des sens. Ces messages n'arrivent pas n'importe où, mais dans des zones bien précises. Les messages visuels aboutissent dans le lobe occipital, les messages auditifs dans la partie supérieure du lobe temporal, et les messages tactiles dans la partie antérieure du lobe pariétal. Le cerveau agit sur le monde extérieur en commandant les muscles (ceux des membres et ceux qui constituent les cordes vocales).

L'hémisphère cérébral gauche

Vue de profil : emplacement des cortex primaires moteur, tactile et auditif

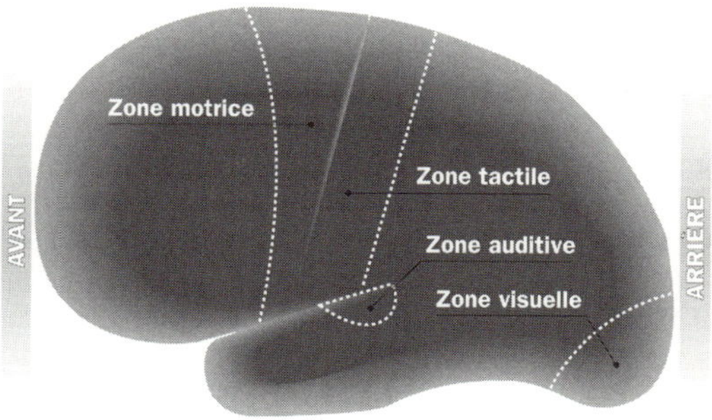

La commande motrice – l'ordre passé aux muscles – ne naît pas non plus partout, mais bien dans une zone précise située dans la partie postérieure du lobe frontal. Les zones d'arrivée des messages sensoriels, ainsi que la zone motrice, constituent les aires primaires ou zones du cortex primaire.

Aires secondaires et aires associatives

À côté de chaque zone sensorielle primaire se trouve une zone sensorielle secondaire qui poursuit le décodage de l'information amorcé dans le cortex primaire. Ainsi le cortex visuel secondaire traite uniquement les messages visuels, le cortex auditif secondaire uniquement les messages auditifs. Tout ce qui n'est pas cortex primaire ou cortex secondaire constitue le cortex associatif. Le cortex associatif frontal est l'organisateur de la pensée. C'est dans le cortex associatif pariéto-temporo-occipital que sont stockés les souvenirs.

La spécialisation des aires corticales

Ainsi, dans le cerveau, tout ne fait pas tout. Bien au contraire, le cortex cérébral est une mosaïque de zones spécialisées. Un patient souffrant d'une lésion de la partie arrière du lobe frontal sera paralysé mais n'aura aucun trouble du système visuel. Un patient souffrant d'une lésion du lobe occipital présentera des troubles visuels, mais ne sera pas paralysé.

L'évolution du cerveau des mammifères

Les neurones* du prodigieux cerveau humain et ceux de celui du rat sont fondamentalement les mêmes. Si nous sommes plus intelligents que le rat, cela tient à deux choses. Premièrement, notre cortex cérébral est plus étendu. Deuxièmement et surtout, nos différentes aires corticales sont beaucoup plus interconnectées que celles du rat. Plus dense est la richesse des communications dans le cerveau d'une espèce animale, et plus intelligente est cette espèce.

Le cortex cérébral est une mosaïque de zones spécialisées.

Les nerfs

Les nerfs sont des sortes de câbles téléphoniques qui, par de multiples fibres, transmettent aux muscles les ordres du cerveau et, au cerveau, les informations en provenance de la peau, des articulations et des muscles. Les nerfs rachidiens aboutissent dans le système nerveux central au niveau de la moelle épinière. Ils sont formés de fibres motrices et de fibres sensitives.

Les fibres motrices

C'est dans la moelle épinière que se trouvent les neurones* qui commandent directement les muscles. L'axone* de chacun de ces neurones, appelés motoneurones (neurone moteur), sort de la moelle et chemine alors par un nerf jusqu'au muscle auquel il est destiné. Dans le muscle, l'axone se divise en un certain nombre de ramifications qui vont chacune innerver une fibre musculaire.

Le nombre de fibres musculaires innervées par un motoneurone varie suivant les muscles. Il est élevé dans les muscles puissants impliqués dans des mouvements relativement grossiers. Ainsi, un même motoneurone innerve en moyenne 2 000 fibres musculaires du quadriceps (le gros muscle qui étend le genou).

Il est faible dans les petits muscles qui interviennent dans des mouvements précis. Les motoneurones des muscles qui font bouger les yeux innervent chacun 5 à 10 fibres musculaires. La longueur des plus longs des axones est d'un mètre ! Il s'agit de ceux des motoneurones (situés dans le bas de la colonne vertébrale) qui innervent les muscles des pieds.

Le nerf

Coupe transversale à travers un nerf

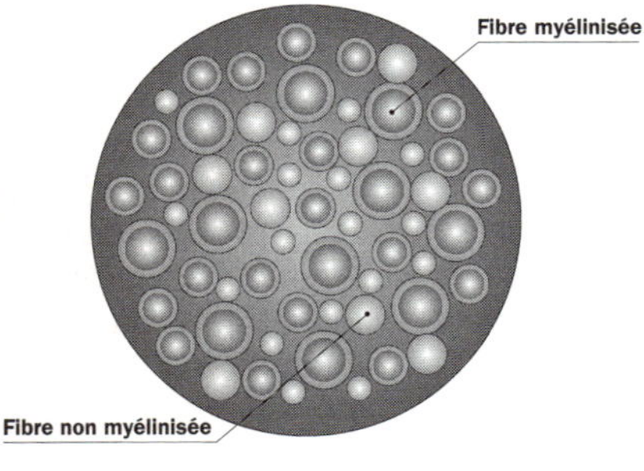

Les fibres sensitives

De chaque côté de la moelle épinière se trouvent des petites masses nerveuses qui ont la forme de petits citrons de 5 mm de diamètre. Ce sont les ganglions rachidiens. Au sein de ceux-ci se trouvent des neurones particuliers, appelés cellules en T.
Contrairement aux autres neurones qui, avec leurs nombreux bras, ressemblent à des pieuvres, les cellules en T ont une forme plus simple. D'un corps cellulaire sphérique se détache un bras unique, qui très rapidement se divise en deux prolongements (d'où leur nom de cellule en T). L'une des deux branches du T se dirige vers la moelle, l'autre se dirige vers la périphérie, la peau par exemple.
Le prolongement qui apporte l'information de la périphérie de l'organisme vers le corps cellulaire de la cellule en T est un dendrite*. Les fibres dendritiques sensitives cheminent vers les ganglions rachidiens au sein d'un nerf. Le prolongement qui, dans le sens inverse, apporte l'information du corps cellulaire de la cellule en T vers la moelle est un axone.
Dans le cas tout à fait particulier de la cellule en T, il n'existe donc qu'un seul dendrite, qui ne se ramifie que dans la partie terminale de son trajet et qui est plus longue que l'axone correspondant.

Le nerf rachidien

Les deux types de fibres (sensitives et motrices) entrant dans la constitution d'un nerf rachidien

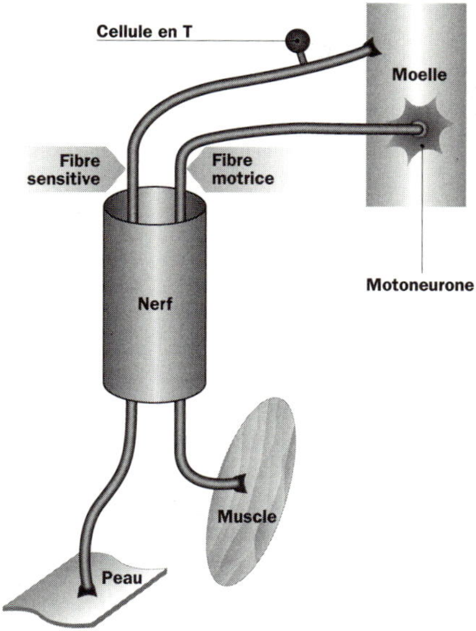

Un nerf rachidien est un faisceau de centaines (ou de milliers) de fibres nerveuses dont la moitié sont des axones de motoneurones et l'autre moitié des dendrites de cellules en T.

Les circuits neuronaux

L'information – l'influx nerveux – est véhiculée d'un neurone à l'autre le long des axones*. Les neurones communiquent entre eux au niveau des synapses. Une chaîne de neurones se transmettant des informations l'un à l'autre constitue un circuit neuronal. Le système nerveux central en comporte des milliards.

Les types de synapses

Dans le système nerveux central, il existe deux types de synapses*. Les unes sont excitatrices, c'est-à-dire qu'elles tendent à déclencher l'activité des neurones*, les autres sont inhibitrices, c'est-à-dire qu'elles tendent à s'y opposer. Chaque neurone est donc soumis en permanence à des influences contraires : excitatrices et inhibitrices.

L'arc réflexe

Schéma du circuit du réflexe rotulien

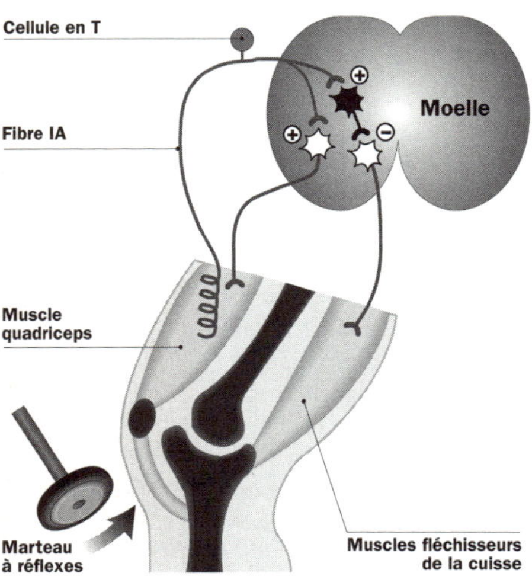

Selon que l'une ou l'autre l'emporte, un influx nerveux* naît ou ne naît pas dans le neurone. Ainsi, le neurone décide en fonction des informations dont il est assailli. Il existe aussi des synapses spéciales au niveau des muscles.
Celles-ci unissent les terminaisons axonales des motoneurones, présents dans la moelle épinière, aux fibres musculaires.

Ces synapses, appelées jonctions neuromusculaires, sont toutes excitatrices.

Le réflexe rotulien

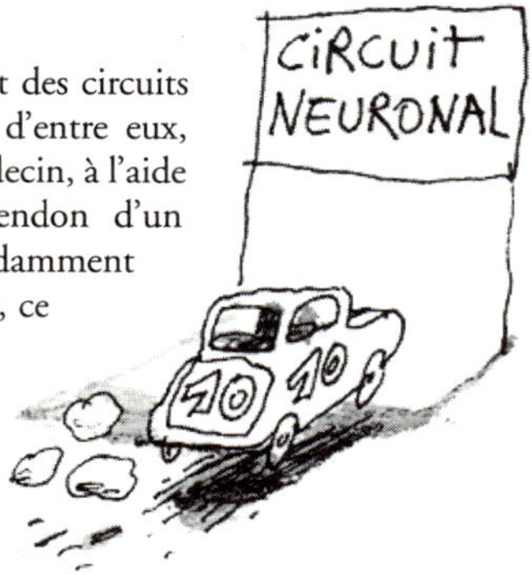

Pour bien comprendre le fonctionnement des circuits de neurones, examinons le plus simple d'entre eux, celui du réflexe tendineux. Lorsque le médecin, à l'aide d'un marteau à réflexes, percute le tendon d'un muscle, celui-ci, en réaction et indépendamment de la volonté du sujet, se contracte. Ainsi, ce coup très léger sur le tendon de la rotule, au niveau du genou, entraîne une extension réflexe du genou. Celle-ci est due à la contraction du muscle quadriceps, qui étend la jambe sur la cuisse, et au relâchement des muscles fléchisseurs de la cuisse.

Le mécanisme du réflexe rotulien

Lorsqu'on percute le tendon rotulien, on enfonce ce tendon et, ce faisant, on étire le muscle. Or, dans le muscle, se trouvent des terminaisons nerveuses sensibles à l'étirement. Ces terminaisons ont une forme en tire-bouchon, raison pour laquelle on les nomme terminaisons annulospirales.

À chacune de celles-ci fait suite une fibre nerveuse, appelée fibre IA, le long de laquelle l'influx est propagé jusqu'à la moelle. À ce niveau, la fibre IA entre en contact avec un motoneurone du quadriceps par une synapse excitatrice. La fibre IA excite le motoneurone du quadriceps.

L'influx nerveux est alors propagé le long de l'axone issu du motoneurone. Il arrive au niveau du muscle et l'excite : le muscle se contracte.

Ainsi, le circuit du réflexe tendineux, le circuit le plus simple du système nerveux, est formé d'une chaîne de deux neurones : une cellule en T et un motoneurone connectés par une synapse excitatrice. Parallèlement à ce circuit excitateur, la fibre IA va aussi exciter un neurone intercalaire (un interneurone) qui, lui, inhibe les motoneurones des fléchisseurs de la cuisse, provoquant ainsi le relâchement de ces derniers.

Le système nerveux central est formé de milliards de circuits neuronaux. Le plus simple d'entre eux est celui du réflexe tendineux.

Les potentiels électriques du neurone

Les neurones, contrairement aux autres cellules de l'organisme, fonctionnent électriquement. L'influx nerveux* est en réalité un influx électrique.

Potentiel de repos

Lorsque le neurone* est au repos, il existe une différence de potentiel de 70 millivolts (mV) entre l'intérieur et l'extérieur.

On trouve des charges positives à la surface du neurone et des charges négatives à l'intérieur.

Par convention, on regarde la différence de potentiel entre l'intérieur de la cellule et le milieu qui l'entoure et non l'inverse. Le « potentiel de membrane » du neurone au repos est donc de – 70 mV.

Potentiel d'action

Lorsqu'un endroit du neurone entre en activité, on assiste à un renversement brusque et passager des charges. La membrane du neurone devient chargée négativement à l'extérieur, positivement à l'intérieur. Cette modification de potentiel est très brève, elle ne dure que 2 millièmes de seconde. Pour l'essentiel, si on en dessine la courbe, elle a l'allure d'une pointe ou d'un pic. On parle de potentiel d'action.

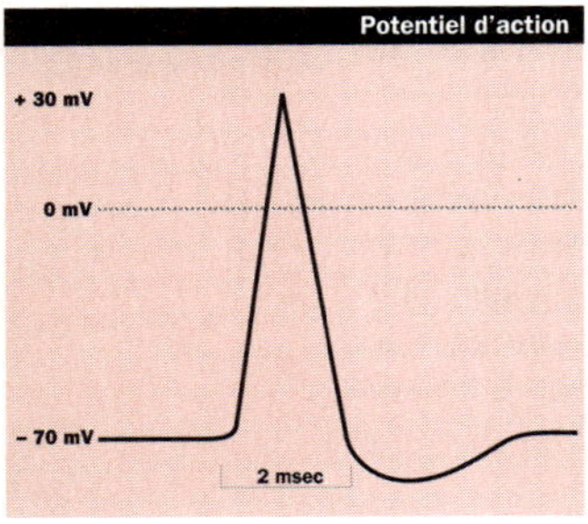

L'amplitude du potentiel d'action est toujours de 100 mV, quel que soit le neurone. Au cours du potentiel d'action, le potentiel de membrane passe de – 70 mV à + 30 mV – on retrouve l'amplitude de 100 mV – pour revenir à – 70 mV. Cette impulsion, une fois née, ne reste pas localisée. Elle se propage de proche en proche dans le neurone et le long de l'axone* (ou le long de la dendrite* d'une cellule en T).

Sa vitesse de propagation varie entre 1 et 100 mètres par seconde d'un type de fibre nerveuse à l'autre.

Le seuil du potentiel d'action

Le potentiel d'action, l'impulsion de 100 mV, ne se déclenchera au sein d'un neurone que si le potentiel de membrane atteint un niveau seuil de – 30 mV. Aussi longtemps que ce niveau n'est pas atteint, aucun potentiel d'action ne se propage le long de l'axone. L'action d'une synapse* modifie le potentiel de membrane du neurone. Une synapse excitatrice rend le potentiel de membrane moins négatif, elle le rapproche donc du seuil de déclenchement du potentiel d'action. Une synapse inhibitrice a l'effet inverse ; elle rend le potentiel de membrane plus négatif (elle le fait passer à – 75, – 76 mV…) et l'éloigne du seuil de déclenchement. C'est ce qui justifie que l'une est dite excitatrice, l'autre inhibitrice.

Potentiels post-synaptiques

Potentiel post-synaptique excitateur (PPSE) et potentiel post-synaptique inhibiteur (PPSI)

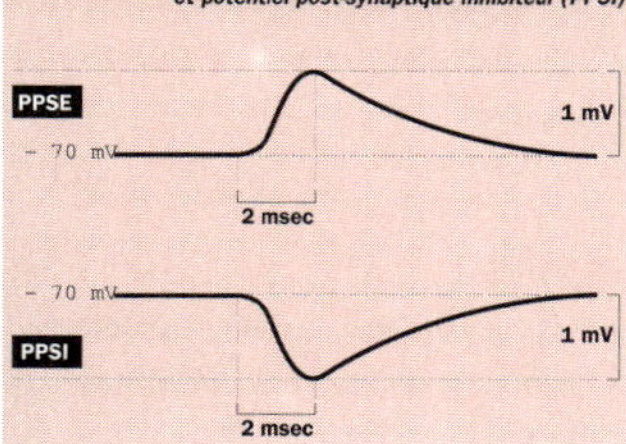

Les potentiels synaptiques

Lorsqu'une synapse excitatrice est active, elle déclenche une petite modification du potentiel de membrane de 1 mV d'amplitude et de 15 millisecondes de durée. Pour atteindre le seuil de déclenchement du potentiel d'action d'un neurone, seuil qui est de – 30 mV, il faut donc qu'au moins 40 synapses excitatrices soient actives en même temps. En effet, agissant ainsi ensemble, elles engendrent un potentiel synaptique de 40 mV. De fait, le potentiel de membrane passe de – 70 mV à (– 70 mV + 40 mV), c'est-à-dire à – 30 mV. Le seuil est atteint et un potentiel d'action peut se déclencher.

Le rôle des différentes parties du neurone

Les actions synaptiques sont collectées au niveau de l'arbre dendritique. À chaque instant, le corps cellulaire fait leur somme : il additionne les potentiels synaptiques excitateurs (de 1 mV chacun) et soustrait les potentiels synaptiques inhibiteurs. Lorsque cette somme dépasse 40 mV, le seuil du potentiel d'action est atteint. Un potentiel d'action naît au niveau du corps cellulaire du neurone et se propage ensuite de proche en proche le long de l'axone.

Le potentiel d'action et les potentiels synaptiques (excitateurs et inhibiteurs) sont des signaux électriques observés dans les neurones. Ils sont à la base du fonctionnement du cerveau.

Les axones et les neurones fonctionnent électriquement : comment ?

L'activité électrique du neurone est liée à sa membrane. Il faut se représenter celle-ci comme la surface d'un lac couvert de bouées de différentes couleurs. Chaque type de bouée correspond à une vanne qui, quand elle est ouverte, peut laisser passer certains ions.

Les électrorécepteurs

Le corps cellulaire et tous les prolongements du neurone* sont délimités par une très fine pellicule d'un centième de millième de millimètre d'épaisseur : la membrane neuronale. Cette membrane est traversée par de très nombreuses vannes minuscules. C'est en très grande partie l'ouverture et la fermeture de ces vannes qui est responsable du fonctionnement électrique des neurones. Au niveau de l'axone*, il existe deux grandes catégories de vannes. Les premières sont ouvertes en permanence. On les appelle des canaux passifs. Les secondes s'ouvrent lorsqu'on les soumet à une différence de potentiel. Elles sont réceptives au potentiel électrique. On les appelle électrorécepteurs*.

Le neurone et l'axone au repos

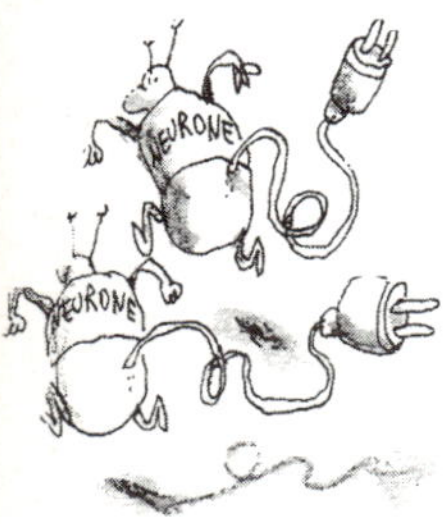

Au repos, seuls les canaux passifs de la membrane sont ouverts. Or ceux-ci ne se laissent traverser que par un seul type d'ions*, les ions potassium (K^+), porteurs d'une charge électrique positive. Comme les ions K^+ sont à une concentration plus élevée à l'intérieur qu'à l'extérieur du neurone (ou de l'axone), ils ont tendance à sortir. Des charges positives (K^+) en excès sont donc présentes à l'extérieur de la membrane. Il existe au repos une différence de potentiel de 70 mV entre l'intérieur et l'extérieur du neurone.

Le mécanisme intime de l'influx nerveux*

Que se passe-t-il au niveau de la membrane lorsqu'elle est le siège d'un potentiel d'action ? Deux types de vannes minuscules interviennent : les électrorécepteurs sodium et les électrorécepteurs potassium. Ces deux types de vannes s'ouvrent consécutivement. Lorsque les électrorécepteurs sodium s'ouvrent, ils ne se laissent traverser que par les ions sodium (Na^+) chargés positivement. Or, à l'inverse des ions K^+, les ions Na^+ sont en plus grande concentration à l'extérieur du neurone. Lorsque les électrorécepteurs sodium s'ouvrent, on assiste à l'entrée d'une petite quantité d'ions sodium, c'est-à-dire à l'entrée de charges positives. Le potentiel de membrane passe ainsi de – 70 mV à + 30 mV. Puis c'est au tour des électrorécepteurs potassium de s'ouvrir. On assiste alors à la sortie d'une petite quantité d'ions K^+. Le potentiel de membrane repasse de + 30 mV à – 70 mV.

Canaux ioniques

Les types de canaux ioniques présents dans la membrane de l'axone

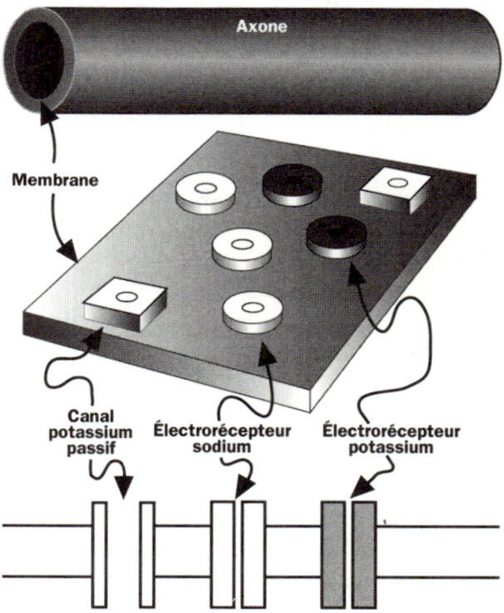

La pompe à sodium

Au cours d'un potentiel d'action, une petite quantité d'ions sodium (Na^+) entrent dans le neurone. Lorsque le neurone est le siège de beaucoup de potentiels d'action, sa concentration en ions Na^+ augmente. Il faut qu'un mécanisme spécial rétablisse la situation. De fait, il existe au sein de la membrane de minuscules pompes à sodium*, qui, lorsque la concentration du sodium augmente à l'intérieur du neurone, se mettent en marche et expulsent l'excès de sodium. Ainsi se rétablit la situation initiale dans le neurone après que celui-ci a été le siège d'une activité intense.

L'activité électrique du neurone est due à des mouvements d'ions à travers de minuscules vannes (ouvertes ou fermées) qui transpercent la membrane de part en part.

Le fonctionnement de la synapse

La propagation de l'influx nerveux* le long de l'axone* résulte d'un mécanisme purement électrique. Au contraire, la transmission de l'information au niveau d'une synapse se fait, elle, de manière chimique.

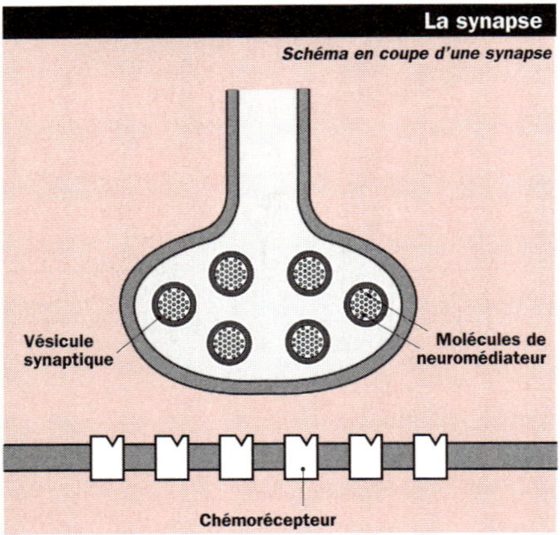

La synapse

Une synapse* est l'endroit où l'information passe d'un neurone* à l'autre. Dans une synapse, une extrémité axonale vient très très près d'un dendrite* ou du corps cellulaire d'un autre neurone.

Lorsque le potentiel d'action arrive au niveau de l'extrémité axonale, il y déclenche la libération d'une petite quantité de substance chimique. C'est exactement comme si le potentiel d'action déclenchait un petit spray.

Les neuromédiateurs

La substance chimique libérée diffuse au travers du minuscule espace qui sépare l'extrémité neuronale et la membrane du neurone cible.
Elle agit sur cette dernière pour exciter ou inhiber le neurone. La substance chimique sert en quelque sorte d'intermédiaire, d'ambassadeur, de médiateur entre les deux neurones.
On l'appelle neuromédiateur*. Il existe au moins une centaine de neuromédiateurs différents dans le cerveau.

Les chémorécepteurs

Le neuromédiateur exerce son effet sur la membrane du neurone suivant en agissant sur des récepteurs contenus dans cette membrane. Comme ils sont réceptifs à une substance chimique, on les appelle des chémorécepteurs*. Ce sont des vannes minuscules qui traversent la membrane de part en part.

Elles ont une forme globalement cylindrique. Leur longueur est d'environ un centième de millième de millimètre. Leur diamètre est d'environ la moitié de leur longueur. Ces vannes s'ouvrent lorsque la molécule de neuromédiateur correspondante se fixe sur elle. Il s'agit d'un mécanisme de clé-serrure. Un neuromédiateur (clé) ne déclenche pas l'ouverture de n'importe quel chémorécepteur (serrure) mais uniquement l'ouverture de celui auquel il s'adapte.

Le chémorécepteur

Schéma en coupe d'un chémorécepteur

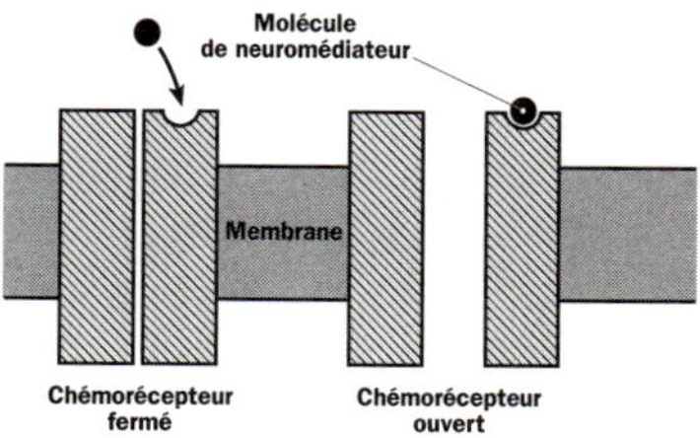

Vésicules synaptiques

Le neuromédiateur est stocké dans l'extrémité axonale au sein de minuscules petits sacs sphériques, les vésicules synaptiques*. Chaque vésicule contient quelques milliers de molécules de neuromédiateur. Dans le cerveau, un potentiel d'action déclenche la libération du contenu de quelques vésicules.

Synapses excitatrices et synapses inhibitrices

Le neuromédiateur excitateur le plus répandu dans le cerveau est le glutamate. Lorsqu'il se fixe sur son chémorécepteur, celui-ci s'ouvre. Il laisse entrer les ions Na^+ (sodium) et sortir les ions K^+ (potassium). Le potentiel de membrane devient alors moins négatif.

Le neuromédiateur inhibiteur le plus répandu dans le cerveau est le GABA (abréviation anglaise de acide gamma aminobutyrique). Lorsque le GABA se fixe sur son chémorécepteur, ce dernier s'ouvre et laisse entrer sélectivement les ions chlorures (Cl^-). Le potentiel de membrane devient alors encore plus négatif.

Lorsqu'une synapse est active, un neuromédiateur chimique est libéré. Celui-ci agit sur des chémorécepteurs spécifiques ancrés dans la membrane du neurone cible.

Le système moteur

Lorsqu'on assiste à un match de tennis ou lorsqu'on voit un artiste jouer du piano, on ne peut qu'être émerveillé par le répertoire de mouvements dont dispose l'homme. Il n'est dès lors pas étonnant qu'une part importante de l'encéphale* soit impliquée dans le contrôle des mouvements.

La voie pyramidale

La grande voie motrice, appelée voie pyramidale, est croisée. C'est l'hémisphère gauche qui commande les mouvements du bras et de la jambe droits. C'est l'hémisphère droit qui commande les mouvements de la partie gauche du corps. Il s'agit pour l'essentiel d'une voie à deux neurones* : le neurone pyramidal et le motoneurone. Les neurones pyramidaux se trouvent dans le cortex* moteur, situé dans la partie postérieure du lobe frontal. Leurs axones* forment un ensemble de câbles appelé faisceau pyramidal.

Le faisceau pyramidal descend à travers l'hémisphère cérébral et croise la ligne médiane à la sortie du crâne, au niveau de la naissance de la moelle épinière. Il descend ensuite dans la partie latérale de la moelle. Les axones pyramidaux établissent finalement des contacts synaptiques excitateurs avec les motoneurones qui sont situés dans la moelle épinière. Les axones de ces motoneurones gagnent les

Voie motrice principale

Les axones des cellules pyramidales forment le faisceau pyramidal

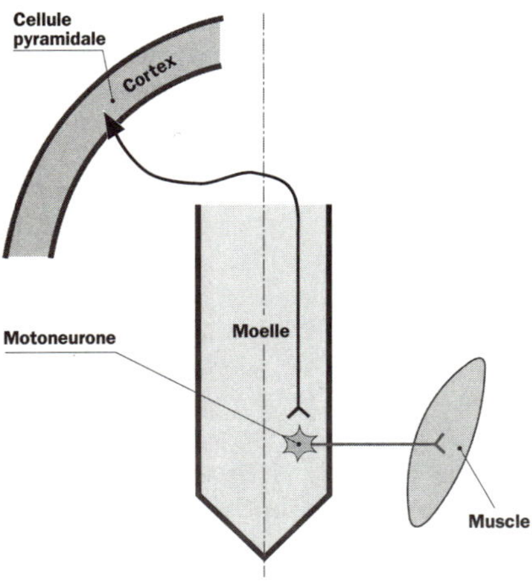

nerfs périphériques et vont exciter les muscles qu'ils innervent.

Hémiplégie et paraplégie

Lorsqu'une des artères qui irriguent la partie antérieure d'un hémisphère se bouche (thrombose) ou éclate (hémorragie), le faisceau pyramidal est lésé et on observe une paralysie du bras et de la jambe du côté opposé. On parle d'hémiplégie. Dans la moelle épinière (dont le diamètre est celui d'un pouce), les deux faisceaux pyramidaux gauche et droit ne sont pas loin l'un de l'autre. Il en résulte que lorsque la moelle est lésée, lors d'un accident de voiture par exemple, les deux faisceaux pyramidaux sont lésés. L'accidenté présente une paralysie des deux jambes : une paraplégie.

Le cervelet

Le cervelet est formé de trois parties : une partie médiane, le vermis, qui contrôle les muscles qui nous maintiennent debout, et deux hémisphères situés chacun de part et d'autre du vermis. Chacun de ces hémisphères, dits hémisphères cérébelleux, contrôle le mouvement des membres du même côté. Lorsqu'un hémisphère cérébelleux est lésé, il n'y a aucune paralysie. Mais les mouvements des membres situés du côté de la lésion sont très maladroits. Par exemple, lorsqu'un patient présentant une lésion d'un hémisphère cérébelleux gauche veut attraper le plus rapidement possible un objet avec la main gauche, il lance très correctement le mouvement mais il est incapable de l'arrêter à temps. Sa main dépasse la cible.

Les noyaux de la base

Il existe, dans la profondeur de chaque hémisphère et dans la partie supérieure du tronc cérébral, un ensemble de noyaux de substance grise formant ce qu'on appelle les noyaux gris de la base. Lorsque cet ensemble ne fonctionne plus bien, comme dans la maladie de Parkinson, il n'y a pas de paralysie, mais les mouvements sont lents et leur mise en route difficile. Le malade est comme figé.

La voie motrice principale (voie pyramidale) est croisée. Sa lésion entraîne une paralysie. Le cervelet et les noyaux gris de la base jouent aussi un rôle important dans le mouvement.

Le tact et la douleur

Les systèmes du tact et de la douleur sont tout à fait différents. Pourtant ils ne sont pas sans rapport l'un avec l'autre. Il est possible, dans certaines circonstances, de déclencher une douleur par une caresse, ou, inversement, de diminuer la douleur par des caresses.

Tact et douleur sont véhiculés par des fibres différentes

Les sensations tactiles et douloureuses naissent au niveau de la peau dans des récepteurs distincts. Les sensations tactiles sont véhiculées vers la moelle par de grosses fibres* ; les sensations douloureuses sont véhiculées par des fibres fines. Les fibres de gros calibre sont plus sensibles à la pression que les fibres plus fines de la douleur. Ainsi, si l'on reste assis longtemps sur le bord d'une chaise, on comprime les fibres du nerf sciatique. On ressent alors non pas une douleur dans le pied, mais bien des fourmillements (ce qui est une sensation tactile). Les fibres de petit calibre sont, elles, plus faciles à neutraliser par un anesthésique local (la lidocaïne) que les fibres de gros calibre. Les molécules de l'anesthésique peuvent bloquer plus rapidement la totalité des électrorécepteurs* sodium lorsque leur nombre est plus restreint, comme c'est évidemment le cas pour les petites fibres. On comprend ainsi que, lorsque le chirurgien recoud une plaie après avoir injecté localement un anesthésique, la douleur soit complètement supprimée tandis que le passage de l'aiguille – sensation tactile – peut encore être perçu.

Le cortex cérébral est insensible à la douleur

Toutes les sensations (visuelles, auditives, tactiles...) aboutissent en fin de compte dans différentes zones du cortex* cérébral, sauf la douleur ! On peut pincer, brûler le cortex cérébral, celui-ci est insensible à la douleur.

Le centre de la douleur se trouve dans la profondeur de chaque hémisphère cérébral, dans une des parties du thalamus*.

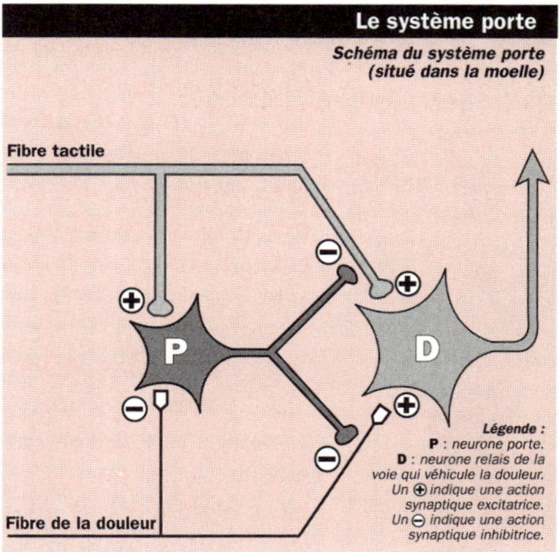

Le système des « portes »

Au niveau de la moelle, les neurones* qui relaient la sensation douloureuse vers le cerveau reçoivent non seulement les fibres fines de la douleur, mais également des grosses fibres véhiculant les sensations tactiles. C'est ce qui explique qu'après une lésion partielle d'un nerf une caresse puisse susciter une douleur. Mais la transmission de l'influx des grosses fibres et des fibres fines est sous le contrôle d'un neurone appelé à juste titre « neurone-porte ». Lorsque ce neurone est actif, la porte est fermée. L'accès au neurone relais de la douleur est bloqué. Par ailleurs, les grosses fibres envoient des ramifications excitatrices sur le neurone-porte tandis que les fibres fines envoient des ramifications inhibitrices sur le neurone-porte.

En d'autres termes, la stimulation prolongée des fibres fines arrête de fermer (donc ouvre) la porte aux sensations douloureuses. La stimulation prolongée des grosses fibres ferme la porte aux sensations douloureuses. Les fines fibres et les grosses ont des actions absolument contraires sur le neurone-porte. Ainsi lorsque nous venons de nous brûler, nous soufflons sur la blessure et nous nous caressons autour de la blessure afin d'atténuer la douleur. L'effet de ces gestes n'est pas psychologique. En les faisant, nous bloquons, au niveau de la moelle épinière, la transmission des influx douloureux vers le thalamus.

Le tact et la douleur sont véhiculés par des fibres différentes. Cependant, les deux systèmes sont en interaction au niveau de la moelle. Le cortex, quant à lui, est insensible à la douleur.

La vision

Nous voyons grâce à nos yeux qui sont en quelque sorte des appareils photographiques. De chaque œil part un nerf, le nerf optique. Les signaux électriques en provenance de ce nerf arrivent, après un relais, dans le cortex occipital où est amorcé un formidable processus de décodage qui aboutira à la perception d'une image.

Les neurones et les fibres du système visuel

Dans la rétine se trouvent les cellules réceptrices (les cônes et les bâtonnets) qui détectent la lumière. L'image arrive sur la rétine sous forme de grains de lumière, les photons. Les cônes et les bâtonnets traduisent cette grandeur physique en un langage compréhensible pour le système nerveux : des potentiels électriques. Elles transmettent leur message au sein de la rétine aux neurones* ganglionnaires par l'entremise de neurones intercalaires. Les axones* des cellules ganglionnaires sortent de l'œil, forment le nerf optique, passent dans le chiasma et une bandelette optique, pour aller former une synapse* avec les neurones du corps genouillé externe (une partie du thalamus*). Les axones de ceux-ci acheminent alors le message visuel vers les neurones du cortex* occipital qui le décodent.

Les voies visuelles

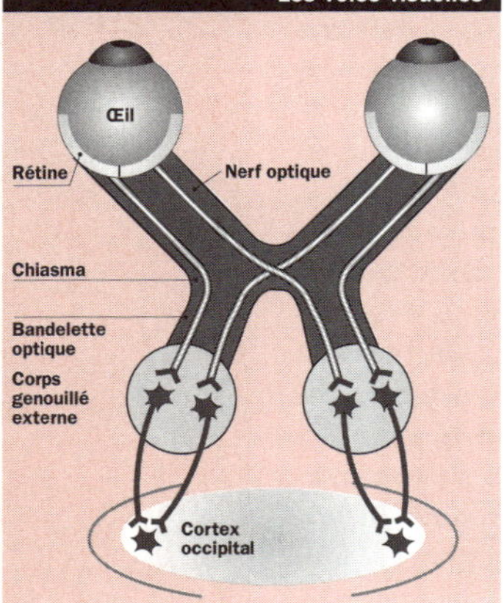

Les voies visuelles sont croisées

La forme de chaque rétine est celle de la paroi d'une demi-sphère. On peut distinguer sur chacune d'elles une moitié gauche et une moitié droite. Les deux nerfs optiques, en se rejoignant, forment le chiasma.

Lorsqu'elles arrivent à ce niveau, les fibres* du nerf optique empruntent un trajet différent selon qu'elles proviennent de l'une ou l'autre moitié de rétine. Pour l'œil gauche, les fibres provenant de la moitié gauche de la rétine entrent dans l'hémisphère gauche, les fibres issues de la moitié droite de la rétine croisent la ligne médiane et entrent dans l'hémisphère droit. Pour l'œil droit la situation est symétrique. Ainsi, les axones provenant des deux moitiés gauches des deux rétines se projettent sur le corps genouillé externe gauche, tandis que les axones provenant des deux moitiés droites des deux rétines se projettent sur le corps genouillé externe droit. Le cortex occipital gauche voit ce que voient les deux moitiés gauches des rétines. Et, comme l'œil est un appareil photographique, il inverse l'image. La moitié droite de l'image est donc vue par les moitiés gauches de la rétine. En définitive, la moitié droite d'une image est vue par le lobe occipital gauche tandis qu'inversement, la moitié gauche de l'image est vue par le lobe occipital droit. Les voies visuelles sont bel et bien croisées.

L'œil

Comme l'appareil photographique, l'œil inverse l'image

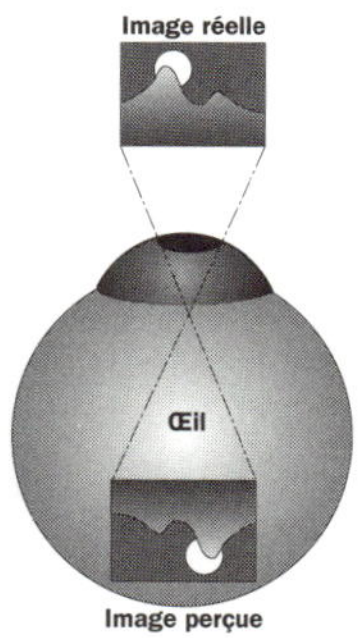

Les hémianopsies

Lorsqu'un patient a une lésion de son lobe occipital gauche, sa vision centrale sera conservée mais il ne verra plus ce que voyaient ses deux hémirétines gauches. Autrement dit, il ne pourra plus être averti de ce qui se passe dans la moitié droite de son espace visuel. On dit qu'il est atteint d'une hémianopsie homonyme droite. Lorsqu'il conduit sa voiture, un tel sujet n'aura aucune difficulté à voir la route devant lui mais ne verra rien de ce qui arrive sur sa droite.

Vision centrale et vision périphérique

Du point de vue fonctionnel, il est également important de diviser la rétine en deux parties : une partie centrale, la fovea, de quelques millimètres de diamètre, et une partie périphérique. C'est avec la fovea que nous fixons les objets et que nous les regardons de façon précise. C'est avec la rétine périphérique que nous apercevons ce qui se passe dans l'espace environnant.

Les voies visuelles sont croisées. La moitié droite de l'image est vue par l'hémisphère gauche, tandis que la moitié gauche de l'image est vue par l'hémisphère droit.

L'audition

Un son est une variation périodique de la pression de l'air. Un « la » correspond à une vibration de la pression de l'air à raison de 440 fois par seconde. Cette onde se propage dans l'air à la vitesse de 330 mètres par seconde. Les sons sont captés par l'oreille et envoyés au cortex* auditif où ils sont décodés en bruits, en mots ou en musique.

L'oreille externe et l'oreille moyenne

L'oreille externe est formée par le pavillon, qui se poursuit par une sorte de tuyau, le conduit auditif externe. L'extrémité de ce dernier est formée par une membrane capable de vibrer, le tympan. L'oreille moyenne est constituée d'une cavité, la caisse du tympan, dans laquelle se trouvent trois petits osselets articulés l'un à l'autre : le marteau, l'enclume et l'étrier. Le marteau est attaché au tympan et est articulé à son autre extrémité à l'enclume. L'enclume est à son tour articulée à l'étrier qui, lui, est attaché à une petite membrane faisant partie de l'oreille interne, la fenêtre ovale.

L'oreille

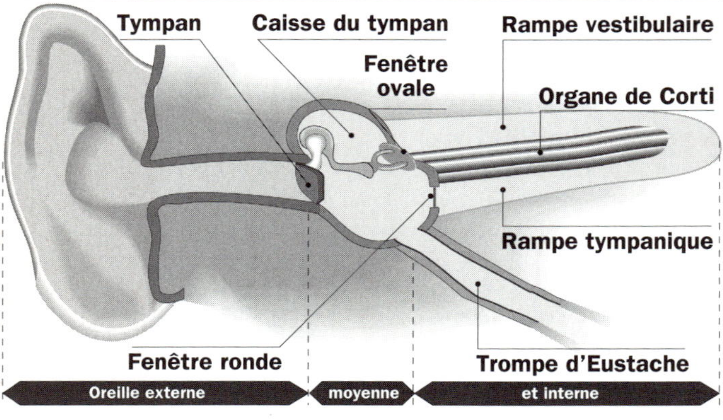

L'oreille interne

L'oreille interne est formée par un tube enroulé comme une coquille d'escargot : la cochlée. Ce tube est subdivisé sur toute sa longueur en trois tubes, chacun d'eux rempli d'un liquide aqueux. Le tube central fermé à ses deux extrémités contient l'organe sensoriel proprement dit : l'organe de Corti. Les deux autres tubes, appelés rampe vestibulaire et rampe tympanique, communiquent l'un avec l'autre au sommet de la cochlée. La rampe vestibulaire est fermée par la fenêtre ovale. La rampe tympanique est fermée à sa jonction avec la caisse du tympan par une autre petite membrane, la fenêtre ronde. L'existence de la fenêtre ronde est essentielle dans la transmission de la vibration.

Une vibration captée par le tympan et transmise par les osselets ne peut faire vibrer la fenêtre ovale et le liquide de l'oreille interne que grâce à la fenêtre ronde. En effet, les liquides, contrairement aux gaz, sont incompressibles. Lorsque la pression appuie contre la fenêtre ovale, celle-ci ne peut s'enfoncer et faire reculer le liquide que grâce à la membrane de la fenêtre ronde qui recule et se bombe dans la caisse du tympan.

L'organe de Corti

L'organe sensoriel, ou organe de Corti, repose sur la membrane basilaire. Il est formé d'un petit plateau sur lequel sont implantées quatre rangées de cellules ciliées dont les cils sont pris dans la masse d'une membrane qui les recouvre. Ainsi, lorsque la membrane basilaire vibre, les cils des cellules ciliées sont pliés et ces cellules sensorielles sont excitées.

La trompe d'Eustache

La trompe d'Eustache est un conduit qui réunit la caisse du tympan et le fond de la gorge. Elle est normalement fermée. Elle ne s'ouvre que lorsqu'on bâille ou lorsqu'on avale. Le tympan ne peut vibrer correctement que si la pression moyenne de l'air est la même de part et d'autre. Lorsqu'on est dans un avion qui décolle, la pression de l'air diminue dans le conduit auditif externe, tandis que la pression dans la caisse du tympan est celle qui y régnait au sol.

Le tympan se bombe vers l'extérieur et ne peut vibrer correctement. On a l'impression que l'oreille est bouchée ou qu'elle bourdonne. C'est la raison pour laquelle il faut alors avaler ou bâiller pour ouvrir la trompe d'Eustache et mettre la caisse du tympan à la pression moyenne qui règne dans l'avion.

Entendre un son, c'est d'abord percevoir de faibles oscillations de la pression de l'air. Ce sont les variations de pression qui sont perçues par le système auditif.

La perception du mouvement

On parle souvent des cinq sens, à savoir : la vue, l'audition, le toucher, l'odorat et le goût. C'est une erreur : il y en a beaucoup plus. Ainsi, dans l'oreille interne, on trouve non seulement la cochlée responsable de la captation des sons mais aussi le vestibule qui capte les mouvements du corps et qui n'a rien à voir avec l'audition.

Le démarrage

Lorsqu'on est assis dans un train et que celui-ci se met en marche, on perçoit le mouvement. Comment ? Grâce à une partie du vestibule, l'utricule. L'utricule est une sorte de petite bulle remplie de liquide.

Sur sa paroi inférieure se trouve un petit monticule, la macula, dans laquelle sont implantées les cellules réceptrices. Celles-ci sont des cellules dont un pôle présente de nombreux cils. Lorsque ces cils sont pliés dans une direction, la cellule réceptrice est excitée et transmet un message à la fibre* nerveuse qui est en contact avec sa base. La macula est recouverte d'une sorte de gel dans lequel se trouvent de minuscules cailloux (les otolithes).

Les cils des cellules réceptrices sont pris dans la masse de ce gel, de sorte que si le gel se déplace par rapport à la macula, les cils se plient.

Lorsque le train se met en marche, l'utricule bien fixé au sein du crâne avance brusquement dans le sens de la marche. La masse gélatineuse et ses otolithes, à cause de son inertie, reste sur place.

Il en résulte que les cils des cellules réceptrices sont pliés. Les cellules réceptrices sont excitées.

L'utricule

Schéma de l'utricule lorsque le corps est immobile

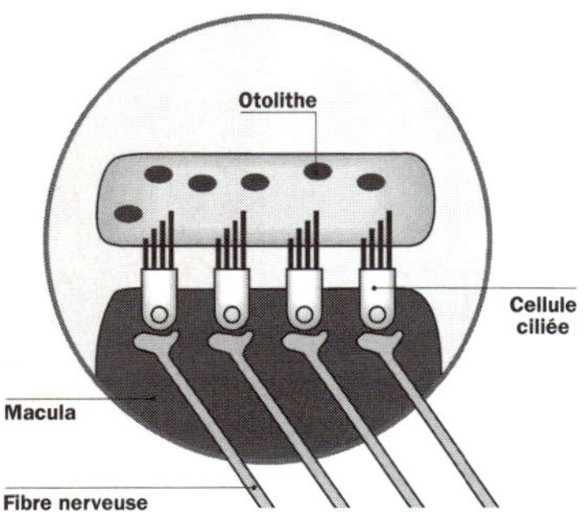

Le mouvement à vitesse constante

Après le démarrage, lorsque le train a atteint sa vitesse de croisière, la masse gélatineuse revient à sa position de départ (par rapport à l'utricule) et plus rien ne modifiera sa position par rapport à celle de la macula. Ces deux structures avancent alors en même temps de la même manière. Les cils des cellules réceptrices ne sont plus pliés. En d'autres termes, lorsque nous fermons les yeux, nous sommes incapables de savoir si nous sommes en mouvement rectiligne à vitesse constante ou si nous sommes à l'arrêt. C'est ainsi qu'assis dans un avion dont les hublots sont fermés, nous ne percevons pas son mouvement alors qu'il avance à la vitesse prodigieuse de 800 km/heure.

L'utricule

Schéma de l'utricule lorsque le corps vient d'être mis en mouvement

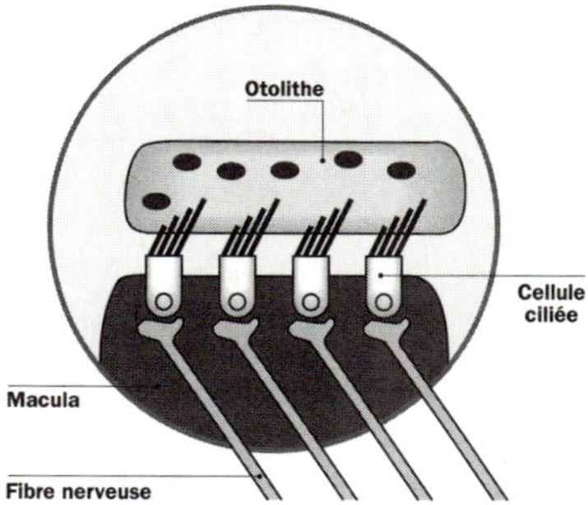

Les deux trains dans la gare

Supposons que, dans une gare, deux trains soient à l'arrêt l'un à côté de l'autre. Nous sommes assis dans l'un d'eux. Si l'un des deux trains se met en mouvement, nous serons incapables de savoir lequel. En fait, la détection du mouvement se fait, comme nous l'avons dit, par le vestibule, mais aussi par la rétine. Il existe dans la rétine des neurones* qui détectent le mouvement du paysage. Or les axones* du nerf vestibulaire se projettent sur les neurones du noyau vestibulaire. De ce relais, la sensation est acheminée vers les centres corticaux supérieurs qui nous rendent conscients du mouvement. Or précisément les fibres rétiniennes qui détectent le mouvement se projettent, elles aussi, sur le noyau vestibulaire. Les informations concernant le mouvement qui proviennent de la rétine et du vestibule sont donc déjà mélangées dès leur entrée dans le cerveau. Lorsque le centre supérieur reçoit un message du noyau vestibulaire, il est incapable de savoir s'il provient de la rétine ou du vestibule.

Aussi étrange que cela puisse paraître, la détection des mouvements se fait dans une partie de l'oreille.

Le langage

**On ne le répétera jamais assez : le cortex cérébral est une mosaïque de zones spécialisées.
Et une fonction aussi élaborée que le langage repose sur deux zones clés bien localisées : la zone de Broca et la zone de Wernicke.**

La zone de Broca et la zone de Wernicke

Chez les droitiers, la zone de Broca et la zone de Wernicke sont toutes deux situées dans l'hémisphère gauche. La zone de Broca se trouve dans le lobe frontal juste en avant de la partie inférieure du cortex* moteur, proche donc de ce qui commande le mouvement. La zone de Wernicke se trouve dans la partie supérieure du lobe temporal, à côté du cortex auditif primaire. La zone de Wernicke est connectée à la zone de Broca par un ensemble d'axones*, le faisceau arqué.

La zone de Broca est un centre dans lequel sont stockés tous les programmes moteurs nécessaires pour articuler les mots. Elle envoie ses informations à la partie du cortex moteur qui commande les muscles des cordes vocales. La zone de Wernicke est une sorte de dictionnaire de correspondances sons-mots. Elle associe à chaque ensemble de sons correspondant à un mot une « image auditive » du mot. C'est dans la zone de Wernicke que certains ensembles de sons sont reconnus comme étant des mots. Elle reçoit ses informations du cortex auditif primaire.

La répétition d'un mot entendu

Que se passe-t-il lorsqu'on nous demande de répéter un mot que nous venons d'entendre ? Le mot est capté au niveau de l'oreille, acheminé par le nerf auditif vers le cortex auditif primaire. Le message décodé à cet endroit est envoyé à la zone de Wernicke qui le reconnaît comme un mot particulier. La zone de Wernicke envoie alors un message à la zone de Broca par le faisceau arqué, pour choisir

Zones impliquées dans le langage

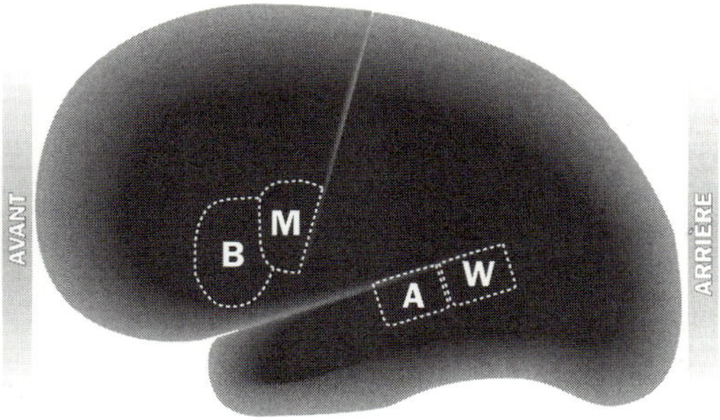

B : *zone de Broca.* **M :** *zone motrice commandant les muscles du larynx (cordes vocales).* **A :** *cortex auditif.*
W : *zone de Wernicke.*

dans la « bibliothèque » des programmes moteurs stockés celui qui correspond au mot entendu. La zone de Broca envoie alors ce programme au cortex moteur qui contrôle les cordes vocales, et ainsi le mot entendu est répété.

Les aphasies

L'aphasique n'est pas incapable de parler, mais son langage ne lui permet plus de communiquer efficacement avec ses interlocuteurs. Lorsque la zone de Broca est lésée, le langage perd sa fluidité. Le patient n'utilise plus que les noms et les verbes, le plus souvent à l'infinitif. Il n'y a plus de prépositions, plus d'articles. C'est un langage en style télégraphique. L'aphasique dit « de Broca » (chez qui la zone de Wernicke est intacte) continue à comprendre tout ce qu'on lui dit. Lorsque la zone de Wernicke est lésée, le patient parle avec beaucoup de mots, mais son discours est vide de sens. Il utilise les mots à tort et à travers. Il dira par exemple « Je voudrais des cloches pour mes cheveux » au lieu de « Je voudrais des lunettes pour mes yeux ». De plus, il ne comprend plus ce qu'on lui dit. Mais, malgré ces apparences, il n'a aucune perturbation mentale. Son comportement est tout à fait normal.

Le langage repose sur deux zones clés du cortex cérébral. La première sert à la prononciation des mots. La seconde est une sorte de dictionnaire de correspondances sons-mots.

La lecture et l'écriture

Il existe un centre spécialisé indispensable à la lecture. C'est la zone de la circonvolution angulaire. C'est une sorte de dictionnaire de correspondances entre des signes écrits et des mots. C'est en quelque sorte une collection des « images visuelles » des mots.

Le cheminement de l'information dans la lecture

Les mots écrits sont d'abord captés par les rétines qui envoient des messages au cortex* visuel primaire. Le décodage amorcé dans les aires visuelles primaires gauche et droite se poursuit dans les aires visuelles secondaires gauche et droite. De là, l'information est envoyée à la zone de la circonvolution angulaire. Celle-ci se trouve dans la partie supérieure du lobe temporal, juste en arrière de la zone de Wernicke, où sont établies les correspondances sons-mots.
À cet endroit, le message visuel est reconnu comme un mot, mais pour comprendre à quoi il correspond, il doit être envoyé à la zone de Wernicke.

En d'autres termes, un patient atteint d'une lésion de la zone de la circonvolution angulaire ne sait plus lire et c'est bien compréhensible. Mais un patient atteint d'une lésion de la zone de Wernicke ne sait plus lire, non plus. Cela résulte en fait de notre mode d'apprentissage de la lecture. Lorsque nous apprenons à parler, nos parents nous font associer des objets que nous voyons et qu'ils nous montrent à des mots qu'ils prononcent. Nous retenons des associations objets – sons.
Lorsque plus tard, à l'école, l'instituteur nous apprend à lire, il nous fait associer des signes, écrits au tableau – et non plus des images – à des mots qu'il prononce et dont nous connaissons déjà la signification. Il n'y a pas d'association directe objet – mot écrit. Aussi la zone de

Zones impliquées dans la lecture

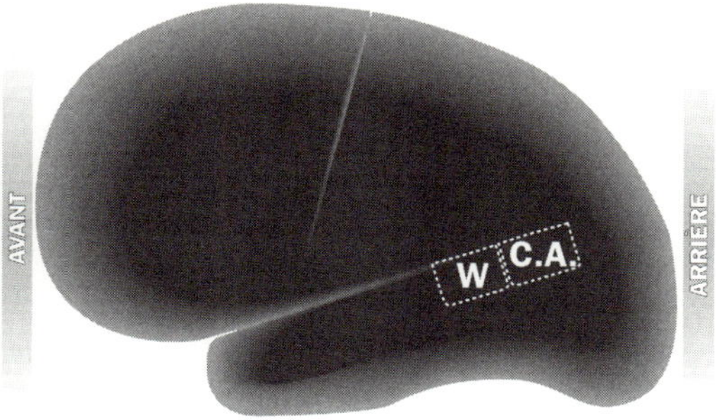

C.A. : *zone de la circonvolution angulaire (centre de la lecture).* **W** : *zone de Wernicke.*

Wernicke joue-t-elle un rôle clé dans la lecture. Chez les droitiers, le centre de la lecture est localisé dans l'hémisphère gauche.

Existe-t-il un centre de l'écriture ?

Il existe un centre spécialisé (la zone de Broca) qui contient tous les programmes moteurs nécessaires à la prononciation des différents mots. On pourrait dès lors croire que, de façon similaire, il existe un centre spécialisé dans lequel seraient stockés les programmes moteurs nécessaires pour écrire les différents mots. Il n'en est rien. Un raisonnement simple nous en convaincra. L'articulation des mots ne peut évidemment se faire que par les muscles du larynx. L'écriture, elle, peut se faire avec les muscles qui commandent la main droite (le plus souvent) mais aussi avec ceux qui commandent la main gauche ou le coude, ou le pied, ou le nez, etc. Autrement dit, s'il existait un centre spécialisé de l'écriture, il faudrait qu'il en existe autant que de parties du corps, ce qui est impossible. À quoi servirait par ailleurs un centre dans lequel seraient emmagasinés les gestes à faire pour écrire les mots à la main, lorsqu'on tape à la machine ?

Il y a dans le cerveau une zone indispensable à la lecture. Elle sert à établir des correspondances entre des signes écrits et des mots.

La spécialisation hémisphérique

On entend souvent dire que l'on n'utilise que 10 % de son cerveau. C'est faux. Cette erreur très répandue est due au fait qu'on a longtemps ignoré la fonction de certaines zones corticales, en particulier de certaines zones de l'hémisphère droit.

Le langage et le calcul

Trois centres jouent un rôle clé dans la communication orale et écrite : la zone de Broca, la zone de Wernicke et la zone de la circonvolution angulaire. Ces trois centres sont toujours dans le même hémisphère.

Chez 95 % des gens, ils se trouvent dans l'hémisphère gauche. Le centre du calcul se trouve lui aussi dans l'hémisphère gauche, dans le carrefour entre le lobe pariétal, le lobe temporal et le lobe occipital.

L'anosognosie

La perception de notre propre espace corporel est liée à l'hémisphère droit.

Il arrive qu'un patient présentant une hémiplégie gauche n'ait pas conscience de sa paralysie.

Lorsqu'on lui demande de lever le bras droit, il lève le bras droit mais lorsqu'on lui demande de lever le bras gauche, il lève à nouveau le bras droit au lieu de se rendre compte de sa paralysie. On parle d'anosognosie.

Le sens de l'orientation

Le sens de l'orientation dépend aussi de l'hémisphère droit et plus précisément du lobe occipital droit, placé en arrière de la boîte crânienne. En cas de lésion à cet endroit, le malade ne peut plus retrouver son chemin, même s'il s'agit d'un trajet habituel, dans des lieux bien connus de lui.

L'héminégligence

Marguerite dessinée par un patient présentant une héminégligence gauche

L'héminégligence

L'héminégligence est une anomalie curieuse que l'on observe aussi principalement après une lésion de l'hémisphère droit. Dans ce cas, le patient néglige, « oublie » la moitié de l'espace visuel vu par l'hémisphère droit, c'est-à-dire la moitié gauche du champ visuel. Lorsqu'on lui demande de dessiner une marguerite ou une maison, il ne dessine que la moitié droite de la fleur ou de la maison.

La musique

L'hémisphère gauche est en fait spécialisé dans la manipulation des symboles (langage, calcul). On peut dire aussi qu'il procède en analysant les différents constituants d'un ensemble.

L'hémisphère droit procède de façon plus globale dans sa perception. Le premier fonctionne plus de manière analytique, l'autre davantage de façon synthétique. Les rapports entre le cerveau et la musique illustrent bien cette distinction.

Le déchiffrage des partitions – analyse de signes, de symboles – se fait dans le lobe temporal gauche tandis que la mémoire des mélodies dépend du lobe temporal droit.

Le compositeur Ravel, après avoir fait une thrombose cérébrale gauche, était incapable de déchiffrer une partition, mais pouvait toujours reconnaître les mélodies.

Ce que fait le cerveau gauche est très différent de ce qui se passe à droite. L'hémisphère gauche sert à manipuler des symboles, l'hémisphère droit permet la perception de l'espace.

La mémoire

La mémoire est l'une des propriétés les plus fascinantes du cerveau. Elle fait actuellement l'objet de recherches intensives dans de nombreux laboratoires de neurophysiologie.

Localisation des souvenirs

Les souvenirs ne sont pas stockés n'importe où dans le cerveau, mais dans les grandes étendues du cortex* dit associatif (parce qu'il associe des informations d'origines diverses) situées dans les lobes pariétal, occipital et temporal. Une autre structure située dans la profondeur du lobe temporal, l'hippocampe, est très importante pour la mémorisation. Mais aucun souvenir n'est stocké ni dans l'hippocampe gauche, ni dans l'hippocampe droit.

Mémoire à court terme et mémoire à long terme

On distingue la mémoire à court terme et la mémoire à long terme. La première est celle qui nous permet de nous souvenir des choses pendant quelques dizaines de secondes. La mémoire à long terme nous permet de nous souvenir des choses pendant des heures, des jours, des mois, des années. Tous les souvenirs ne passent pas de la mémoire à court terme vers la mémoire à long terme. Pour qu'un souvenir passe d'une forme de mémoire à l'autre, il faut que l'hippocampe soit actif. L'hippocampe joue en quelque sorte un rôle d'imprimante. Il permet de fixer, d'enregistrer, de façon plus durable, les souvenirs.

L'hippocampe

L'intervention de l'hippocampe est nécessaire pour faire passer les souvenirs de la mémoire à court terme vers la mémoire à long terme

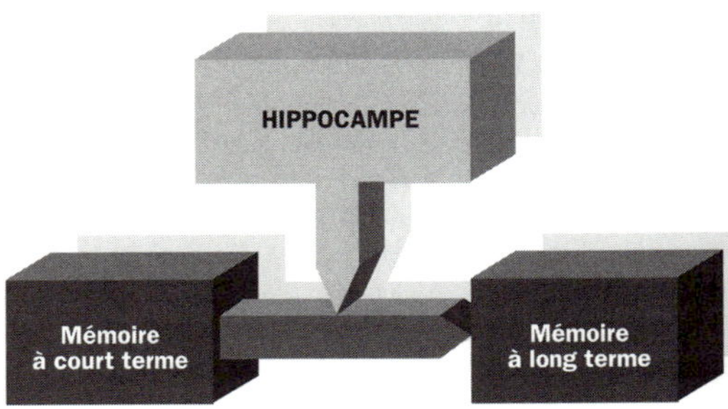

Les amnésies

Lorsque des gens qui ont eu un accident grave déclarent qu'ils ne se souviennent plus du tout des circonstances de l'accident, ils ne mentent pas. Au moment de l'accident, les souvenirs sont dans la mémoire à court terme pour quelques dizaines de secondes. Comme l'activité des hippocampes est arrêtée, bloquée pendant la perte de connaissance, les souvenirs ne peuvent être « imprimés », transcrits dans la mémoire à long terme. Au bout de quelques dizaines de secondes, ils sont effacés de la mémoire à court terme et sont perdus à tout jamais.

Il arrive aussi qu'un patient ne puisse plus se remémorer un souvenir qui est pourtant bien inscrit dans sa zone mémoire. Le mécanisme est ici différent. Pour se remémorer quelque chose, il faut que le souvenir soit récupéré dans la zone mémoire. Des structures spéciales très complexes doivent intervenir.

Il arrive que le souvenir soit tellement douloureux que le subconscient empêche son rappel. De tels souvenirs peuvent être retrouvés par diverses thérapeutiques psychologiques, comme par exemple une psychanalyse.

Comment sont stockés les souvenirs ?

Un souvenir est stocké dans un réseau de plusieurs milliers ou millions de neurones* connectés les uns aux autres. Il s'inscrit au niveau des synapses* du réseau en modifiant l'efficacité de la transmission synaptique. Il change son fonctionnement.

Lorsqu'une synapse est active, un potentiel d'action libère une quantité de neuromédiateur* qui excite ou inhibe le neurone suivant.

Supposons que le même potentiel d'action libère deux fois plus de médiateur. Il en résulte un doublement de l'excitation ou de l'inhibition synaptique.

On dit que l'efficacité synaptique est doublée. C'est en modifiant l'efficacité des milliers ou millions de synapses du réseau qu'un souvenir s'y inscrit.

Il existe deux sortes de mémoire : la mémoire à court terme et la mémoire à long terme. Le passage de l'une à l'autre nécessite l'intervention de l'hippocampe.

L'éveil

Contrairement à ce qu'on a longtemps cru, le cortex* cérébral n'est pas maintenu en éveil simplement par les sensations qui lui parviennent. Il existe réellement un centre de l'éveil.

La découverte de la réticulée

En examinant l'électroencéphalogramme d'un animal, il est possible de dire s'il est éveillé ou s'il est dans le coma. En 1935, Bremer introduit les notions d'« encéphale* isolé » et de « cerveau isolé ». L'« encéphale isolé » est obtenu en pratiquant une section à la jonction moelle – tronc cérébral, le « cerveau isolé » en pratiquant une section à la jonction tronc cérébral – cerveau. Il faut ici rappeler que l'on désigne par « encéphale » l'ensemble composé du cerveau, du cervelet et du tronc cérébral. L'« encéphale isolé » est éveillé mais le « cerveau isolé » est dans le coma. On n'a d'abord pas compris l'importance de cette découverte. Mais, en 1949, Moruzzi et Magoun implantent des électrodes de stimulation dans la partie supérieure du tronc cérébral du chat. Chaque fois que l'animal a tendance à s'assoupir, une stimulation électrique est appliquée. Chaque fois l'animal se réveille. Ainsi fut découverte la réticulée activatrice. Il s'agit d'une région de la partie supérieure du tronc cérébral, dont le volume n'excède pas un centimètre cube. Lorsqu'elle est active, elle envoie des influx à tout le cortex cérébral et l'éveille.

La réticulée activatrice

Schéma montrant l'emplacement et l'action de la réticulée activatrice

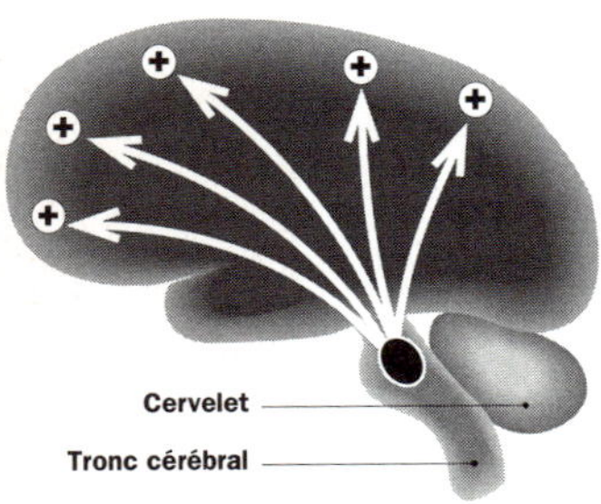

Les comas

Après ce qui vient d'être énoncé, on comprend que lorsque la partie supérieure du tronc cérébral est lésée (par un manque d'oxygénation ou parce qu'elle est comprimée), le patient plonge dans le coma. Bien sûr, si la totalité du cortex est lésée, le patient est aussi dans le coma. Mais il faut que tout le cortex souffre, soit lésé. L'ablation de tout un hémisphère n'entraîne pas de perte de conscience. Une lésion de la totalité du cortex est très rare. Par contre, tous les neurones* corticaux peuvent souffrir en cas d'apport insuffisant d'oxygène ou de glucose.

Relations entre les voies sensorielles

Relations entre les grandes voies sensorielles, la réticulée activatrice et le cortex cérébral

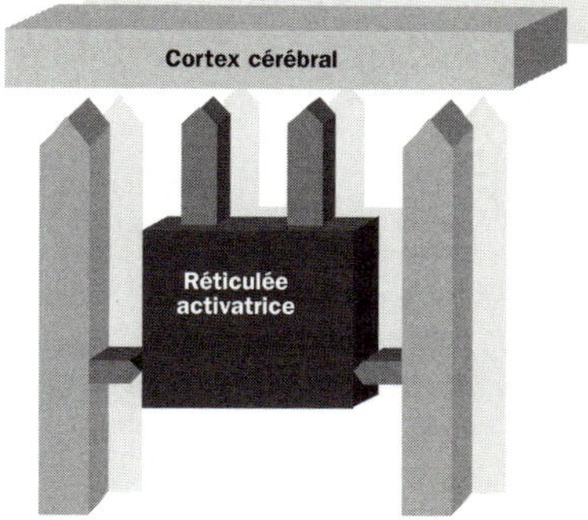

La double projection des systèmes sensoriels

Chaque grand système sensoriel (vision, audition, tact, douleur, etc.) a en fait une double projection. D'une part, il se projette sur une zone du cortex cérébral (qui reçoit un seul type de sensation). D'autre part, il se projette sur la réticulée activatrice (vers laquelle convergent tous les types de sensation). Pour qu'une sensation soit perçue, il faut d'une part qu'elle arrive dans le centre de perception adéquat situé dans le cortex cérébral, et d'autre part que le cortex cérébral soit éveillé (par la réticulée). On comprend ainsi qu'une puissante sonnerie réveille le dormeur. Le message auditif intense active la réticulée qui réveille la totalité du cortex.

Le contrôle cortical par la réticulée

La réticulée éveille le cortex. Mais, réciproquement, le cortex cérébral peut activer la réticulée. La stimulation électrique d'une région limitée du cortex, comme celle de l'audition ou bien de l'odorat par exemple, provoque le réveil de la réticulée et celle-ci éveille ensuite la totalité du cortex. C'est ainsi qu'on peut réveiller quelqu'un en lui susurrant son prénom. Le message peu intense mais attractif arrive dans la zone auditive du cortex. Celui-ci active la réticulée qui, à son tour, réveille tout le cortex.

Ce ne sont pas les perceptions qu'il a du monde extérieur ou les sensations qu'elles procurent qui gardent le cerveau en éveil. C'est de lui-même qu'il s'éveille : il existe un centre d'éveil.

Le sommeil et les rêves

Le sommeil est indispensable, mais on ignore toujours pourquoi. Contrairement à ce que beaucoup croient, tout le monde rêve.

L'électroencéphalogramme de l'éveil et du sommeil

Lorsqu'on dispose des électrodes à la surface du crâne, on enregistre une activité électrique appelée électroencéphalogramme. Lorsque le sujet est éveillé mais ferme les yeux, on observe des oscillations électriques dont la fréquence est d'environ dix cycles par seconde. On parle de rythme alpha. Lorsque le sujet ouvre les yeux ou fait un calcul, bref quand son cerveau est stimulé, le rythme alpha disparaît et est remplacé par des oscillations plus rapides et surtout de plus faible amplitude. Lorsque le sujet s'endort, le rythme de l'électroencéphalogramme se ralentit. Des ondes plus amples et plus lentes (un à quatre cycles par seconde) apparaissent.

L'électroencéphalogramme

Aspect de l'électroencéphalogramme au cours de l'éveil, du sommeil lent et du sommeil paradoxal

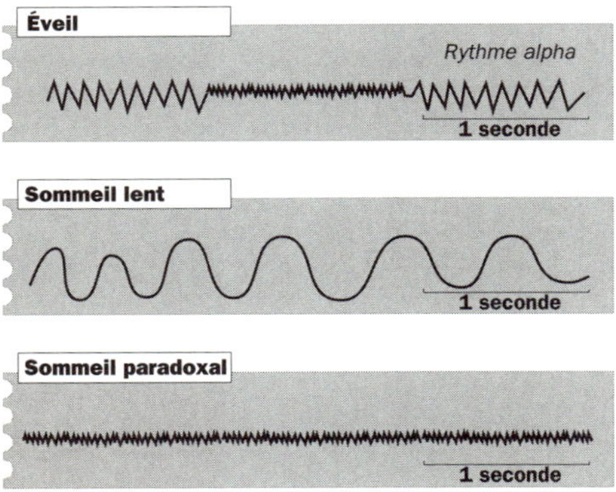

Le sommeil paradoxal

La conception qui associait obligatoirement des rythmes lents au sommeil fut ébranlée lorsqu'on enregistra l'électroencéphalogramme de volontaires pendant toute une nuit. De façon surprenante, alors que le sujet est endormi, plusieurs fois au cours de la nuit, les ondes lentes du sommeil sont soudain remplacées par des ondes rapides et de faible amplitude. En d'autres termes, au cours de ces périodes de sommeil, l'électroencéphalogramme ressemble paradoxalement à celui que l'on enregistre lorsque le sujet est éveillé et a les yeux ouverts.

On a donc appelé ces périodes le sommeil paradoxal. On l'a aussi appelé sommeil rapide à cause des caractéristiques des ondes observées dans l'enregistrement électroencéphalographique. On le dissocie ainsi du sommeil lent associé, lui, à des ondes électroencéphalographiques amples.

Le cycle nocturne

Au cours de la nuit, plusieurs cycles d'1 h 30 se succèdent. Chacun d'eux est formé d'une heure et quart de sommeil lent et d'un quart d'heure de sommeil rapide. Chaque fois que l'on réveille le dormeur alors qu'il est en sommeil paradoxal, il raconte un rêve. Lorsqu'on le réveille en période de sommeil lent, il n'est pas en train de rêver. En d'autres termes, au cours de la nuit, nous rêvons un quart d'heure toutes les heures et demie. Mais le contenu du rêve ne se met pas en mémoire. Il ne se met en mémoire que si nous nous réveillons au cours d'une période de sommeil paradoxal ou dans les quelques minutes qui suivent. Si certains ont l'impression qu'ils ne rêvent pas, cela tient au fait qu'ils se réveillent habituellement pendant une phase de sommeil lent.

Les phases de rêve sont associées à d'autres caractéristiques. La plus importante est que, pendant le rêve, nous sommes totalement paralysés. Contrairement à ce que l'on pense, pendant la période de rêve nous ne bougeons absolument pas dans notre lit. Que se passerait-il si nous n'étions pas immobilisés lorsque nous rêvons que nous courons ? C'est en dehors des périodes de rêves que nous sommes susceptibles de bouger. Le rêve, quel que soit son contenu, est aussi associé à une érection !

Une nuit de sommeil est formée par la répétition de cycles de 1 h 30, formés chacun par 1 h 15 de sommeil lent, pendant lequel on ne rêve pas, et d'un quart d'heure de rêve.

Les pulsions

Les besoins fondamentaux comme la faim et la soif, et les pulsions fondamentales comme le plaisir, sont sous le contrôle de l'hypothalamus. Celui-ci, qui est situé sur la ligne médiane à la base du cerveau, ne représente pourtant que moins de 1 % du volume de l'encéphale*.

Centre de la faim et centre de la satiété

Il existe au niveau de l'hypothalamus* deux centres qui contrôlent l'alimentation : le centre de la faim et le centre de la satiété.

Lorsque le centre de la faim s'active, l'animal (ou l'homme) se met à manger ou cherche à manger.
Lorsque le centre de la satiété s'active, l'animal (ou l'homme) cesse de s'alimenter.
Après une lésion de la partie latérale de l'hypothalamus (qui contient le centre de la faim), un rat ne s'alimente plus. Après une lésion de la partie de l'hypothalamus plus proche de la ligne médiane (zone qui contient le centre de la faim), le rat n'arrête pas de manger et devient obèse.

Centre de la soif

L'hypothalamus latéral contient aussi le centre de la soif.
On peut implanter – sous anesthésie générale, bien sûr – des électrodes dans l'hypothalamus latéral d'une chèvre.
Lorsque, par l'intermédiaire des électrodes implantées, on applique des chocs électriques à la chèvre éveillée, celle-ci se met à boire sans arrêt.

À l'arrêt de la stimulation électrique, elle cesse de boire. Le mécanisme de la soif est bien connu. Ce n'est pas la sécheresse des lèvres qui la provoque. Lorsqu'il fait chaud, nous perdons de l'eau. Les substances de notre sang deviennent plus concentrées.
Or, les neurones* du centre de la soif sont précisément sensibles au degré de concentration des substances dans notre sang. Lorsque cette concentration augmente, ils sont le siège de bouffées de potentiels d'action et... nous avons soif.

Centre du plaisir

Il est facile de conditionner un rat. On peut lui apprendre rapidement à appuyer sur une pédale si, chaque fois qu'il appuie, il reçoit de la nourriture. En 1954, Olds et Milner ont fait une découverte surprenante. Ils ont implanté des électrodes de stimulation dans l'hypothalamus latéral du rat. Lorsque celui-ci appuyait sur une pédale, il ne recevait pas de nourriture mais bien un choc électrique dans l'hypothalamus latéral. Bien vite, le rat n'arrête plus d'appuyer sur la pédale. La stimulation de son hypothalamus latéral semble lui procurer du bien-être. Au cours d'opérations neurochirurgicales, les patients éveillés qui reçoivent des chocs électriques dans leur hypothalamus latéral décrivent des sensations de plaisir et d'euphorie.

Le centre de la faim, le centre de la satiété, le centre de la soif et un des centres du plaisir se trouvent dans l'hypothalamus.

Les émotions

Les émotions se déroulent à deux niveaux. Nous les ressentons immédiatement, de façon « viscérale », presque animale, grâce au système limbique et à l'hypothalamus. Mais les émotions, les sentiments peuvent aussi être analysés et ressentis plus finement, plus « intellectuellement ». C'est alors le cortex cérébral qui entre en jeu.

L'hypothalamus

L'hypothalamus*, situé à la base du cerveau, joue un rôle important dans les expressions des émotions. La preuve en a été donnée par l'expérience suivante. Chez un chat dont le cortex* cérébral a été préalablement enlevé, la stimulation électrique de l'hypothalamus par l'intermédiaire de deux électrodes déclenche une réaction de rage.

C'est d'autant plus intéressant que l'ablation du cortex rend l'animal inconscient et incapable de percevoir quelque chose qui pourrait l'irriter. Lorsque l'hypothalamus est stimulé, l'animal découvre les dents, fait le gros dos. Son cœur s'accélère et ses poils se hérissent. Bref, l'hypothalamus contrôle un ensemble de réactions (certaines attitudes motrices, des modifications du rythme cardiaque et une contraction des petits muscles lisses des poils) par lesquelles s'exprime la colère.

Le système limbique

L'hypothalamus n'est pas la seule structure cérébrale à être impliquée dans les émotions. En 1973, Papez, un neurologue américain, a remarqué que des patients qui souffraient de bouffées émotionnelles pathologiques présentaient des lésions dans l'hypothalamus ou dans la circonvolution du corps calleux (une partie du cortex

Le circuit de Papez

N.A. : noyau antérieur du thalamus
C.M. : corps mamillaires (situés dans l'hypothalamus)

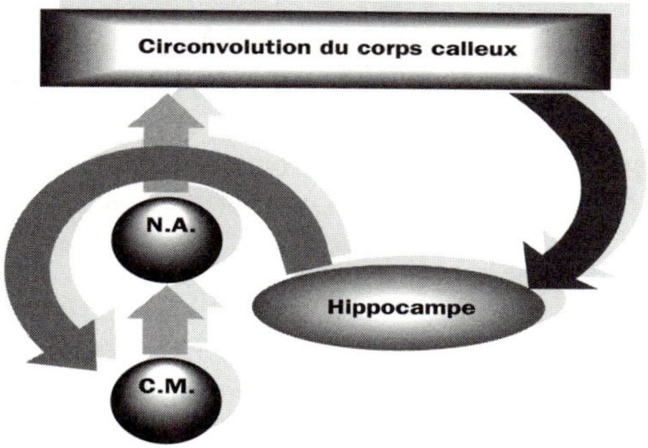

cérébral située sur la face interne de l'hémisphère cérébral). Ces deux structures sont en fait reliées l'une à l'autre au sein d'une sorte de circuit fermé (le circuit de Papez). Une région de l'hypothalamus (les corps mamillaires) se projette sur la circonvolution du corps calleux, avec un relais au niveau d'un des noyaux du thalamus* (le noyau ventral antérieur).

À son tour, la circonvolution du corps calleux se projette sur les corps mamillaires de l'hypothalamus, avec un relais dans l'hippocampe. Toutes les structures du circuit de Papez sont situées dans la zone médiane, entre les deux hémisphères cérébraux. Elles forment ce que l'on appelle le système limbique.

L'amygdale

Dans la profondeur de la partie antérieure de chaque lobe temporal se trouve un noyau de substance grise appelé amygdale (celle-ci n'a rien à voir avec les amygdales de la gorge). Chez l'animal, l'ablation des deux amygdales, gauche et droite, entraîne des changements émotionnels. Ceux-ci dépendent de l'espèce. Après cette opération, des singes qui étaient auparavant agressifs et sauvages deviennent calmes et s'apprivoisent facilement. À l'inverse, cette même opération rend les chats très agressifs.

La partie du cerveau qui concerne les émotions est le système limbique. L'hypothalamus (qui fait partie du système limbique) coordonne leur expression.

Le cerveau et le système hormonal

Il y a deux grands systèmes de communication entre les différents organes du corps humain. Le premier repose sur les fibres nerveuses (sortes de fils téléphoniques). Le second utilise des messagers chimiques véhiculés par le sang : les hormones. Mais les deux systèmes, nerveux et hormonal, ne sont pas sans relation l'un avec l'autre.

Les hormones

Une hormone est une substance chimique qui joue un rôle de messager. Elle est libérée dans la circulation sanguine, emportée par le courant sanguin et arrive enfin sur des organes le plus souvent éloignés de celui qui l'a libérée. Là, elle transmet son message à l'organe cible. Un organe qui sécrète des hormones s'appelle une glande endocrine.

La glande thyroïde libère les hormones thyroïdiennes. Les ovaires et les testicules sécrètent les hormones sexuelles. La glande surrénale (située au-dessus du rein) sécrète le cortisol. La majorité des glandes endocrines sont sous le contrôle d'une glande très importante : l'hypophyse antérieure. Celle-ci exerce son commandement et son contrôle par l'entremise d'hormones qui vont elles-mêmes agir sur d'autres glandes endocrines. Ainsi, par exemple, dans certaines circonstances, l'hypophyse antérieure sécrète une hormone appelée ACTH. Lorsque l'ACTH arrive au niveau de la surrénale, elle y déclenche la libération du cortisol.

L'hypothalamus

Contrôle exercé par l'hypothalamus sur les glandes endocrines

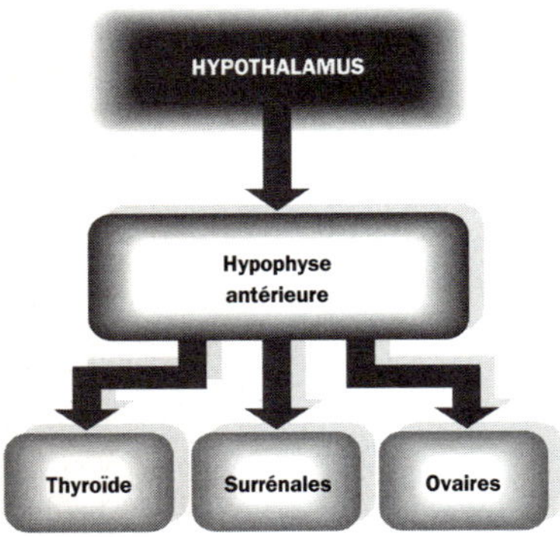

L'hypothalamus

À son tour, l'hypophyse antérieure, qui est une glande endocrine, est sous le contrôle d'une zone particulière du cerveau située à la base du cerveau sur la ligne médiane : l'hypothalamus*. Comme tous les neurones*, ceux de l'hypothalamus sont recouverts de boutons synaptiques*.

Mais contrairement aux autres neurones, lorsqu'ils sont excités, ils ne libèrent pas un neuromédiateur* qui agit sur d'autres neurones. Ils libèrent des hormones dans une petite veine qui se rend directement à l'hypophyse antérieure.

Et l'hypothalamus est, lui, relié à des zones du cortex* cérébral. Ainsi, en définitive, le cerveau contrôle le système hormonal par l'intermédiaire de l'hypothalamus.

L'hypothalamus

Relation entre l'hypothalamus et l'hypophyse antérieure

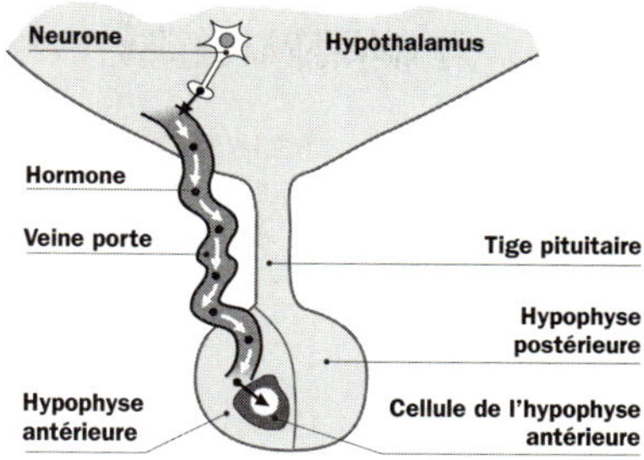

Le psychisme et les hormones

On comprend ainsi que le stress, par exemple, puisse influencer des phénomènes régulés par les hormones. Une jeune fille angoissée par ses examens pourra présenter un retard de règles inhabituel. Son stress est en fait « ressenti » par les neurones du cortex frontal qui envoient par leur axone des signaux à certains neurones de l'hypothalamus.

Or, l'hypothalamus contrôle l'hypophyse antérieure qui, à son tour, contrôle les ovaires.

Le cerveau contrôle le système hormonal. Certains neurones de l'hypothalamus jouent un rôle charnière dans cette organisation.

Les tranquillisants

L'anxiété, qui est un état souvent ressenti dans la vie quotidienne, peut être modifiée par des substances chimiques. Certaines diminuent l'anxiété et le stress. Ce sont les tranquillisants, tellement consommés dans la société actuelle.

Les benzodiazépines

Les benzodiazépines, dont le chef de file est le diazépam (Valium), sont des tranquillisants très utilisés dans la pratique médicale. C'est en 1957 que Sternbach, chimiste du groupe pharmaceutique Hoffmann-La Roche, entreprit la synthèse d'une nouvelle famille de molécules comportant toutes la même structure cyclique nommée benzo 1,4-diazépine.

Ces composés furent soumis à des tests pharmacologiques pour déceler leur éventuel intérêt thérapeutique. Pratiquement tous se révélèrent dépourvus d'activité biologique intéressante, sauf un qui possédait des propriétés tranquillisantes remarquables alliées à une faible toxicité. Ce composé fut la première benzodiazépine à être introduite sur le marché, sous le nom de Librium.

À ce jour, près de cinquante benzodiazépines actives sont disponibles.

Mode d'action des tranquillisants

Les neurones* qui participent à la genèse de l'anxiété sont, comme tous les neurones du cerveau, soumis en permanence à la fois à des actions synaptiques excitatrices et à des actions synaptiques inhibitrices. En fait, les benzodiazépines augmentent l'efficacité des actions inhibitrices et diminuent ainsi l'activité des neurones sur lesquels elles agissent.
Plus précisément, elles agissent sur les synapses* inhibitrices qui utilisent le GABA (acide gamma aminobutyrique) comme neuromédiateur*.

Les récepteurs au GABA sont de minuscules vannes traversant de part en part la membrane neuronale. Lorsque le GABA se fixe sur l'un de ses récepteurs, il déclenche son ouverture.
Le récepteur au GABA ouvert se laisse traverser par les ions* chlorures, ce qui a pour effet d'inhiber le neurone. La molécule de benzodiazépine se fixe sur le récepteur au GABA à un autre endroit que le GABA. Une fois qu'elle est fixée sur le récepteur au GABA, la molécule de benzodiazépine rend celui-ci plus sensible à l'action du GABA.
Lorsque le neuromédiateur GABA se fixe sur un de ses récepteurs qui a préalablement fixé une molécule de benzodiazépine, il déclenche un flux d'ions chlorures plus important que dans les conditions normales.

Action à long terme des tranquillisants

Contrairement aux opiacés – produits dérivés de l'opium – les tranquillisants n'entraînent pas de dépendance physique.
L'utilisation régulière de tranquillisant n'est pas à conseiller cependant car la personne qui en prend est moins vigilante, moins alerte. Toutefois, les tranquillisants, même en prise régulière, ne provoquent pas d'altération irréversible du cerveau.

L'anxiété peut être calmée par des substances chimiques, les benzodiazépines notamment. Sous l'effet des tranquillisants le fonctionnement du cerveau est modifié.

Les neuroleptiques majeurs

Les patients psychotiques délirent, ont des hallucinations et une pensée qui s'écarte de la réalité. Ils peuvent être très agités ou agressifs. Dans le passé, on a dû avoir recours à la camisole de force, aux douches froides, aux chambres isolées, à la lobotomie frontale. Ce sont des pratiques qui ont quasiment disparu depuis la découverte de médicaments antipsychotiques efficaces.

La découverte des neuroleptiques majeurs

La date clé dans l'histoire du traitement des maladies mentales est 1952. C'est cette année-là que le Français Henri Laborit découvre que la chlorpromazine (Largactil) accroît l'effet des anesthésiques. Il note qu'injectée seule, la chlorpromazine n'induit pas de perte de conscience, mais un désintérêt du patient pour ce qui se passe autour de lui. Ayant pris connaissance de cette découverte, le psychiatre français Jean Delay entreprend (également en 1952) de traiter ses patients psychotiques à la chlorpromazine. Et très rapidement, c'est le succès. La chlorpromazine améliore de façon spectaculaire les symptômes psychotiques, c'est-à-dire les manifestations de la folie. Un autre neuroleptique majeur, dont la formule chimique est tout à fait différente de celle de la chlorpromazine, et qui est très utilisé actuellement est l'halopéridol (Haldol). Il fut synthétisé par le Belge Jansen en 1958.

Mode d'action des neuroleptiques majeurs

La chlorpromazine et l'halopéridol agissent au niveau des synapses* du système nerveux central qui utilisent la dopamine comme neuromédiateur. La dopamine libérée agit sur des récepteurs spéciaux situés sur la face externe de la membrane neuronale et qui sont couplés à un catalyseur de réaction chimique (une enzyme) accroché à la face profonde de la membrane. Il existe en fait plusieurs types de récepteurs à la dopamine. À ce jour, on en connaît cinq. Les récepteurs D1 et D2 sont couplés à une enzyme qui catalyse la production d'une substance appelée AMP cyclique qui change l'activité du neurone*. Lorsque la dopamine se fixe sur un récepteur de type D1, la production d'AMP cyclique est augmentée. Au contraire, lorsqu'elle se fixe sur un récepteur de type D2, la production d'AMP cyclique diminue. La chlorpromazine et l'halopéridol se fixent sur les récepteurs de type D2 et empêchent la dopamine de s'y fixer. Ils bloquent l'action des récepteurs D2 à la dopamine.

Le L. S. D.

À l'inverse des neuroleptiques, qui atténuent les symptômes psychotiques, certaines substances peuvent les provoquer. Il en est ainsi de l'acide lysergique diéthylamide, plus connu sous son nom abrégé : le L. S. D. Les effets psychologiques du L. S. D. ont été découverts en 1943 par Hofmann. Ce chimiste venait de synthétiser une nouvelle molécule. Alors qu'il étudiait au laboratoire les propriétés de cette nouvelle substance, Hofmann fut intoxiqué accidentellement par le produit. Il constata que les formes des objets et celles de ses collègues se modifiaient. Il ne pouvait plus se concentrer et, dès qu'il fermait les yeux, il apercevait des images fantastiques très colorées. Hofmann suspecta que la substance qu'il venait de synthétiser, le L. S. D., était la cause de ces troubles. Il prit alors la décision d'absorber de nouveau lui-même le produit suspect et son esprit fut en proie aux mêmes étrangetés.

Les symptômes de la folie peuvent maintenant être très amoindris par des médicaments. Ces substances agissent sur les synapses.

Les antidépresseurs

Pour guérir une dépression nerveuse, il faut instaurer un dialogue entre le malade et son médecin ou son entourage, de façon à prendre en compte la dimension psychologique du phénomène. Mais certains médicaments, les antidépresseurs, peuvent aussi être très utiles. On connaît actuellement le mécanisme d'action de ces substances.

La dépression

Notre humeur fluctue au cours du temps. Tantôt nous nous sentons très heureux de vivre, très sûrs de nous. À d'autres moments, nous nous sentons moins bien dans notre peau, moins heureux de vivre. Chez certains patients, ces changements, cette fluctuation deviennent pathologiques, c'est-à-dire qu'ils sont alors les manifestations d'une véritable maladie. On parle de dépression nerveuse. Le patient déprimé a envie de pleurer, n'a plus aucun goût pour rien, n'a plus envie de vivre et a même des idées de suicide.

Les antidépresseurs

Or l'humeur est sous le contrôle de structures cérébrales qui utilisent la nor-adrénaline comme neuromédiateur*. Les médicaments antidépresseurs (comme l'amitriptyline, l'imipramine) agissent en renforçant l'action des synapses* qui utilisent ce neuromédiateur du système nerveux central. Pour comprendre leur mode d'action, il faut savoir ce que devient le neuromédiateur nor-adrénaline après avoir rempli sa mission synaptique.

En fait, il est recapté par la terminaison synaptique qui l'a libéré. Il existe à l'extrémité de l'axone* des transporteurs* de nor-adrénaline. Ces minuscules transporteurs captent la nor-adrénaline et la transportent à travers la membrane vers l'intérieur de l'extrémité axonale. De là elle est envoyée une deuxième fois vers les vésicules synaptiques*. Celles-ci sont donc munies d'un deuxième type de transporteur de nor-adrénaline. Nous parlerons du transporteur de la membrane axonale et du transporteur vésiculaire*. Les antidépresseurs agissent en bloquant les transporteurs de nor-adrénaline de la membrane axonale. Ainsi, la nor-adrénaline reste plus longtemps dans l'espace synaptique. Ce qui lui permet d'agir plus longuement sur les neurones cibles. L'efficacité des neurones qui utilisent cette nor-adrénaline se trouve alors renforcée.

La réserpine

À l'inverse, certaines substances peuvent provoquer une dépression. Il en est ainsi, par exemple, de la réserpine. Celle-ci était auparavant utilisée, à juste titre, dans le traitement de l'hypertension. On s'est aperçu que les patients traités à la réserpine devenaient déprimés. En fait, la réserpine bloque le transporteur vésiculaire de la nor-adrénaline. En présence de réserpine, la nor-adrénaline continue d'être recaptée dans le cytoplasme de l'extrémité axonale mais n'est plus repompée dans les vésicules synaptiques. Elle stagne dans le cytoplasme. Or celui-ci contient des enzymes qui la détruisent. Ainsi, sous l'action de la réserpine, les extrémités axonales nor-adrénergiques du cerveau se vident de leur réserve en nor-adrénaline. Les transmissions synaptiques nor-adrénergiques deviennent moins efficaces et la dépression apparaît.

Des substances chimiques peuvent agir sur l'humeur. Certains médicaments peuvent s'opposer aux états dépressifs.

Les opiacés

Les opiacés (morphine, héroïne, méthadone, etc.) ont l'air séduisants. Ils suppriment la douleur et induisent une sensation de bien-être. Pourtant, ils ont un goût de maladie et de mort.

La famille des opiacés

La famille des opiacés comporte des produits naturels, des drogues semi-synthétiques et des substances purement synthétiques. L'opium est obtenu à partir d'une plante, le pavot. Il contient plusieurs substances actives sur le cerveau dont la principale est la morphine. L'héroïne ne se trouve pas directement dans la nature. C'est un dérivé de la morphine. La modification chimique nécessaire pour passer de la morphine à l'héroïne est relativement simple. L'héroïne est donc un opiacé semi-synthétique.

Il existe des substances entièrement synthétisées en laboratoire chimique dont les molécules ne ressemblent pas à celles de la morphine, mais qui ont néanmoins des propriétés très voisines des siennes. La méthadone appartient à ce groupe des opiacés synthétiques.

Les effets des opiacés

Ces drogues ont pour principaux effets de diminuer très fortement la perception de la douleur et de provoquer un état d'euphorie, une sensation de bien-être.

Leur utilisation répétée entraîne une accoutumance (il faut une dose de plus en plus forte pour

obtenir le même effet) et une dépendance physique (l'arrêt de la prise des opiacés provoque toute une série de troubles).
Tous ces produits sont absorbés facilement : soit par le système gastro-intestinal (absorption par la bouche), soit par les poumons (inhalation), soit par les muscles (injection intramusculaire). L'absorption de drogue par une piqûre intraveineuse produit les effets les plus rapides et les plus prononcés.
Les opiacés agissent en se fixant sur des récepteurs présents à la surface des neurones* de certaines régions cérébrales, celles notamment qui agissent sur l'humeur (régions limbiques).

La toxicomanie

Certains choisissent la drogue pour fuir les difficultés que la société leur impose. Mais ce n'est pas le cas de la majorité des drogués. La consommation de drogues dites dures peut être l'aboutissement d'une lente accoutumance. On essaie des produits aux effets toujours plus violents.
Le toxicomane a généralement commencé par l'usage occasionnel d'opiacés, souvent après avoir essayé le tabac, l'alcool, la marijuana ou des stimulants du système nerveux central.
Une fois instauré un usage fréquent et persistant d'une drogue, on parle de toxicomanie.
Lorsque le toxicomane arrête de se droguer, il ressent des nausées, de fortes sueurs, une pilo-érection ou « chair de poule ». Il éprouve des douleurs diffuses, perd le sommeil et ressent un fort besoin de drogue.
Les effets les plus intenses se manifestent 36 à 72 heures après l'arrêt de la drogue.
Les opiacés agissent sur les centres de la douleur, les centres de l'humeur mais également sur le centre respiratoire qu'ils affaiblissent.
Il en résulte que, lors d'une injection d'une trop grande quantité d'opiacé, un arrêt respiratoire survient. C'est la cause de la mort par overdose.

Les produits faits à base d'opium, comme la morphine ou l'héroïne, agissent sur le fonctionnement du cerveau. Ils suppriment la douleur et provoquent une sensation de bien-être.

L'épilepsie

L'épilepsie est une affection médicale qui se manifeste par des crises répétées, souvent très impressionnantes. Ce mal, souvent considéré comme mystérieux, est dû à des anomalies de l'activité électrique du cerveau. Il frappe 1 % de la population. Jules César en était atteint.

Qu'est-ce que l'épilepsie ?

En fait, l'épilepsie n'a rien de « diabolique ». Il s'agit d'un mauvais fonctionnement passager du cortex* cérébral dont les neurones* se mettent à décharger très intensément et en même temps. Une zone corticale qui est le siège d'une telle activité ne traite plus les informations correctement.
Si le processus atteint la totalité du cortex, le patient perd connaissance. C'est l'épilepsie généralisée.

Il en existe de deux types : le grand mal et le petit mal. Mais si le processus ne touche qu'une zone particulière du cortex, le patient ne perd pas connaissance et les manifestations, les modifications de comportement du patient dépendront de la zone du cortex qui est le siège de l'activité épileptique.
On parle d'épilepsie focale. À côté des formes acquises qui résultent d'une lésion cérébrale qui « irrite » le cortex, il existe une forme dans laquelle il n'y a aucune lésion cérébrale.

Le grand mal

Lors d'une crise de grand mal, brusquement, le malade s'écroule sans connaissance tandis que tous ses muscles se raidissent.
Puis surviennent des secousses au niveau des quatre membres. De la bave s'écoule de la bouche. Souvent il y a morsure de la langue et perte d'urine. Les secousses durent quelques minutes.

Le patient reste ensuite inconscient puis s'éveille peu à peu. Au total, la crise dure environ vingt minutes. Pendant la crise, l'électroencéphalogramme montre une activité anarchique de grande amplitude avec des ondes pointues.

Le petit mal

Le petit mal épileptique s'observe chez des enfants en âge scolaire. Il se caractérise par des « absences ». L'enfant ne tombe pas, mais perd connaissance pendant quelques secondes. Il interrompt brusquement son activité ou sa conversation, le regard figé.
Ces crises surviennent à répétition au cours de la journée. Elles sont parfois méconnues et considérées, à tort, comme des distractions d'écolier.

L'électroencéphalogramme montre une anomalie tout à fait caractéristique. De temps en temps apparaissent subitement des pointes-ondes au rythme de trois ou quatre par seconde, et cela sur l'ensemble du cerveau.

Les crises d'épilepsie sont dues à une activité anormale des neurones du cortex cérébral.

Les psychoses et la schizophrénie

Les psychoses sont des maladies mentales graves. La plus fréquente est la schizophrénie. Elle touche 1 % de la population. La schizophrénie débute avant 45 ans, souvent vers 18 ans.

Les symptômes psychotiques

La caractéristique majeure des troubles psychotiques est la perte de contact avec la réalité. Le comportement, les perceptions sont à côté de la réalité. Tout se passe comme si la perception et la pensée étaient totalement déréglées, incapables de comprendre et d'appréhender le monde environnant. Le psychotique a des hallucinations : il voit ou entend des choses qui n'existent pas. Son comportement est tout à fait inapproprié. Il a des idées très bizarres.

La cause de la schizophrénie

On ignore encore la cause profonde de la maladie. Le cerveau est normal. Le nombre de neurones* est normal. Il est possible qu'il y ait une anomalie du fonctionnement de la synapse*, ou de la formule chimique de ses composants. Mais on ignore laquelle. Les gènes constituent un facteur prédisposant. En effet, les jumeaux homozygotes (issus du même œuf, donc possédant des gènes identiques) ont une concordance d'au moins 65 % pour la schizophrénie, tandis que chez les jumeaux hétérozygotes (issus d'œufs différents, donc possédant des gènes différents) le taux de concordance n'est que de 12 %. Le risque pour un enfant de devenir schizophrène est de 5 % si un des parents est schizophrène. Mais 90 % des schizophrènes n'ont pas de parent schizophrène.

La maladie d'Alzheimer

Une démence est caractérisée par une détérioration des fonctions intellectuelles. Le patient devient incapable de mémoriser, de calculer, d'avoir une pensée logique, alors qu'il est tout à fait conscient. La maladie d'Alzheimer est la plus fréquente des démences. Son apparition est très liée à l'âge.

Manifestations cliniques

La maladie d'Alzheimer ne survient pas chez l'adulte jeune. Sa fréquence d'apparition augmente avec l'âge, si bien que près de 20 % des sujets de plus de 80 ans en sont atteints. Le début de la maladie est insidieux. On observe des troubles de la mémoire et des divers aspects de l'activité mentale. Des troubles émotionnels, des excentricités sont également possibles. La progression est habituellement lente et régulière. Elle se fait sur plusieurs années.

L'autopsie du cerveau dans la maladie d'Alzheimer

Dans les maladies mentales, de type psychose ou névrose, le cerveau, à l'autopsie, est normal. Par contre, dans la maladie d'Alzheimer, le cerveau est anormal. Les neurones* du cortex* meurent les uns après les autres. Le nombre de neurones du cortex diminue, ce qui se traduit par une atrophie du cortex et en particulier des régions frontales et de la partie interne des régions temporales.

En outre, l'examen au microscope décèle deux types de lésions. Le premier consiste en une accumulation de matériel filamenteux dans le cytoplasme des neurones. Ce sont les plaques neurofibrillaires d'Alzheimer. La seconde consiste en foyers de prolongements neuronaux (axonaux et dendritiques) épaissis sous la forme d'un anneau irrégulier entourant un dépôt souvent sphérique de fibrilles amyloïdes. Ce sont les plaques séniles ou plaques neuritiques.

Les psychoses, comme la schizophrénie, et les démences, comme celle appelée maladie d'Alzheimer, sont deux formes tout à fait différentes des maladies de l'esprit.

Glossaire

Axone : prolongement cylindrique, souvent long, du corps cellulaire du neurone. C'est le long de l'axone que se propage l'influx nerveux.

Bouton synaptique : extrémité renflée d'un axone qui entre dans la constitution d'une synapse. Le bouton synaptique constitue l'élément présynaptique de la synapse.

Chémorécepteur : minuscule canal transmembranaire qui s'ouvre lorsqu'une molécule de neuromédiateur se fixe sur lui.

Cortex cérébral : écorce de 3 mm d'épaisseur de matière grise qui entoure chacun des deux hémisphères cérébraux. C'est dans le cortex qu'ont lieu les phénomènes de perception et que naissent les commandes des mouvements volontaires.

Dendrite : prolongement ramifié d'un neurone. Il en existe plusieurs par neurone. Il est couvert de boutons synaptiques.

Électrorécepteur : minuscule canal qui traverse la membrane neuronale de part en part et qui s'ouvre lorsque la membrane est le siège d'une dépolarisation.

Encéphale : partie du système nerveux contenue dans la boîte crânienne. Le cerveau n'est qu'une partie de l'encéphale.

Fibre : prolongement longiforme d'un neurone. Il s'agit soit d'un axone, soit d'une dendrite de cellule en T.

Hypothalamus : zone de substance grise représentant moins de 1 % du volume de l'encéphale et où se trouvent entre autres les centres de la faim, de la soif et du plaisir.

Influx nerveux : message électrique véhiculé d'un endroit à l'autre du cerveau, le long des axones. L'influx nerveux est un potentiel d'action.

Ion : atome ou molécule qui a perdu sa neutralité électrique par acquisition ou perte d'un ou de plusieurs électrons.

Matière grise : zone du cerveau formée essentiellement d'un rassemblement de corps cellulaires neuronaux. Ces neurones peuvent être en couche (cortex cérébral) ou sous forme d'amas (noyau de substance grise).

Neuromédiateur : substance chimique permettant à l'information de passer d'un neurone à l'autre. Le neuromédiateur est libéré par le bouton synaptique, traverse l'espace synaptique et agit sur les chémorécepteurs de l'élément postsynaptique.

Neurone : synonyme de cellule nerveuse. Chaque neurone comporte un corps cellulaire d'où partent des expansions (plusieurs dendrites et un axone).

Pompe à sodium : minuscule pompe intramembranaire qui expulse les ions sodium à l'extérieur du neurone lorsque leur concentration augmente.

Substance blanche : zone du cerveau formée uniquement d'un faisceau d'axones. Beaucoup d'axones sont entourés d'une gaine de myéline qui est blanche.

Synapse : zone de contact entre l'axone d'un neurone et une dendrite ou le corps cellulaire d'un autre neurone. Endroit où l'information passe d'un neurone à l'autre.

Thalamus : gros noyau de substance grise (de la taille d'un petit œuf de poule) situé dans la profondeur de chaque hémisphère cérébral. Il est subdivisé en plusieurs noyaux. Le thalamus est un relais sur chacune des grandes voies sensorielles.

Transporteur de neuromédiateur : minuscule pompe située dans la membrane du bouton synaptique et qui recapte le médiateur libéré pour le repomper à l'intérieur du bouton synaptique.

Transporteur vésiculaire : minuscule pompe située dans la membrane des vésicules synaptiques et qui pompe le neuromédiateur du cytoplasme vers l'intérieur des vésicules.

Vésicule synaptique : petit sac microscopique situé dans le bouton synaptique et dans lequel sont stockées plusieurs milliers de molécules de neuromédiateur.

Bibliographie

CHANGEUX (Jean-Pierre), *L'Homme neuronal*, Fayard, 1983, 420 pages. Livre de vulgarisation qui brosse un tableau des sciences du système nerveux et des implications philosophiques de nos connaissances actuelles du fonctionnement du cerveau.

GODAUX (Émile), *Cent milliards de neurones*, Belin, 1990, 248 pages. Livre de vulgarisation très didactique sur le fonctionnement du cerveau. Le lecteur y trouvera des compléments aux notions qui sont ici esquissées.

GODAUX (Émile), *Les neurones, les synapses et les fibres musculaires*, Masson, 1994, 221 pages. Livre expliquant de façon approfondie comment fonctionnent les neurones et les synapses. Didactique, mais de niveau universitaire.

PROCHIANTZ (Alain), *La construction du cerveau*, Hachette, 1989, 107 pages. Ce livre explique comment le cerveau se construit à partir des cellules embryonnaires, et en tire des conclusions philosophiques. Il fait le point des nouvelles approches thérapeutiques qui pourraient découler de nos nouvelles connaissances sur le développement embryonnaire du cerveau.

Le cerveau, coll. « Bibliothèque pour la science », Belin, 1981, 215 pages. Collection de chapitres consacrés au cerveau. Chaque chapitre est écrit par un éminent chercheur dans le domaine. De la vulgarisation de très haut niveau et de très grande qualité, mais pas d'accès aussi facile qu'on pourrait le croire à première vue. À lire absolument, mais pas comme première lecture.

Index

Le numéro de renvoi correspond à la double page, excepté pour les pages 58 et 59.

Dans la même collection :

1. Le cinéma
2. Les Français
3. Platon
4. Les métiers de la santé
5. L'ONU
6. La drogue
7. Le journalisme
8. La matière et la vie
9. Le sida
10. L'action humanitaire
11. La Shoah
12. Le roman policier
13. Mini-guide du citoyen
14. Créer son association
15. La publicité
17. Paris
18. L'économie de la France
19. La bioéthique
20. Du cubisme au surréalisme
22. Le racisme
23. Le multimédia
25. Les partis politiques en France
26. L'islam
27. Les métiers du marketing
28. Proust
29. La sexualité
30. Camus
31. La photographie
32. Rimbaud

Responsable éditorial : Bernard Garaude
Directeur de collection – édition : Dominique Auzel
Secrétariat d'édition : Mathilde Fournier, Véronique Sucère
Lecture – collaboration : Pierre Casanova
Correction – révision : Jacques Devert
Iconographie : Sandrine Guillemard
Fabrication : Isabelle Gaudon, Hélène Zanolla
Conception graphique : Bruno Douin
Couverture : Olivier Huette
Maquette : François Le Moël
Infographie : François Le Moël
Illustrations : Jacques Azam

Crédit photos :
© H. Raguet – Phanie : p. 3

Loi 49.956 du 16.07.1949
ISBN : 2.84113.339.7

Aubin Imprimeur, 86240 Ligugé. — D.L. décembre 1995. — Impr. P 50809